四特 教育系列丛书 SITEJIAOYUXILIECONGSHU

教师职业道德与素质培养

《"四特"教育系列丛书》编委会 编著

吉林出版集团股份有限公司
全国百佳图书出版单位

图书在版编目（CIP）数据

教师职业道德与素质培养／《"四特"教育系列丛书》编委会编著 . 一长春：吉林出版集团股份有限公司，2012.4
（"四特"教育系列丛书／庄文中等主编 . 教师全方位修练）
ISBN 978-7-5463-8760-4

I . ①教… Ⅱ . ①四… Ⅲ . ①中小学－教师－师德②中小学－教师素质 Ⅳ . ① G635.16

中国版本图书馆 CIP 数据核字（2012）第 045077 号

教师职业道德与素质培养

JIAOSHI ZHIYE DAODE YU SUZHI PEIYANG

出 版 人	吴 强	
责任编辑	朱子玉 杨 帆	
开 本	690mm×960mm 1/16	
字 数	250 千字	
印 张	13	
版 次	2012 年 4 月第 1 版	
印 次	2023 年 2 月第 3 次印刷	

出 版	吉林出版集团股份有限公司
发 行	吉林音像出版社有限责任公司
地 址	长春市南关区福祉大路 5788 号
电 话	0431-81629667
印 刷	三河市燕春印务有限公司

ISBN 978-7-5463-8760-4   定价：39.80 元

前　言

　　学校教育是个人一生中所受教育最重要的组成部分，个人在学校里接受计划性的指导，系统地学习文化知识、社会规范、道德准则和价值观念。从某种意义上讲，学校教育决定着个人社会化的水平和性质，学校是个体社会化的重要基地。知识经济时代要求社会尊师重教，学校教育越来越受重视，在社会中起到举足轻重的作用。

　　"四特教育系列丛书"以"特定对象、特别对待、特殊方法、特例分析"为宗旨，立足学校教育与管理，理论结合实践，集多位教育界专家、学者以及一线校长、教师的教育成果与经验于一体，围绕困扰学校、领导、教师、学生的教育难题，集思广益，多方借鉴，力求将其全面彻底解决。

　　本辑为"四特教育系列丛书"之《教师全方位修炼》。

　　教师的职业是"传道、授业、解惑"，教师的职责是把教学当成自己的终生事业，用"爱"搭起教育的基石，用自己的学识及人格魅力，点燃学生的兴趣，使学生健康、快乐成长。

　　俗话说："教师不能半桶水。"学生专业知识水平的高低，很大程度上受老师知识水平的制约，如果教师在教学中对教材分析不透，对知识重点把握不准，要点讲解不清，那么学生听过他的课就会产生一种模糊的、收获不大的感觉。因此，教师必须知识广博，语言丰富，学生才能学到真正的知识。本书从新世纪、新时代经济和社会发展的要求出发，从理论与实践的结合上，对新世纪教师素质及其修养的一系列问题，做了比较全面、系统、深入的阐述。应当说，这是一项十分有意义的工作。

　　本辑共 20 分册，具体内容如下：

　　1.《师魂》

　　教师被人们称为"人类灵魂的工程师"，担负着传授知识、传承文明、培养人才、提高民族素质的光荣任务。教师的最高境界需要"忙人之所闲，闲人之所忙"，从有到无，从无到有；从看教育是教育，到看教育不是教育，再到看教育还是教育，这就是对教育的最大贡献，让人的精神世界有生机、有活力、有智慧。

　　2.《以礼服人》

　　作为教师，我们要正确领会礼仪、礼貌、礼节、仪式和教师礼仪的概念，领会礼仪的地位和作用，掌握教师礼仪的原则、方法，坚持科学发展观，为构建社会主义和谐校园而奋斗。教师的一举手一投足，甚至一颦一笑，都蕴含着教育的力量。本书从教师的个人形象、教师的服饰、教师的语言、师生关系礼仪、教师与家长沟通礼仪、同事共处礼仪、集会礼仪和社会交往礼仪等方面，系统阐述了教师礼仪的一些基本常识。

3.《教师的一生修炼》

本书将重点探讨如下诸方面的理论与实务：职业规划——自我实现的教育生涯、如何设计职业生涯、职业发展规划行动、教师入职与离职规划、新教师角色适应规划、教师专业发展规划、校长成长规则、职场诊断与修炼、潜能开发及享受学习化教育生活等。

4.《育人先做人》

教师是学生智慧的启蒙者，学生未来的引领者。教师的质量决定了教育的质量，教师的品质决定了教育的品位，教师人格的完善能够提升教育的水准。教育职业对教师人格提出了严格的要求：教师在自身的人格教育中不断提升自我，完善人格。人格教育是一生的工作，提升自我、完善人生会伴随一个人的一生。

5.《教育语言随心用》

本书内容涵盖了教学语言艺术和教育语言艺术训练的方方面面。从宏观综论到微观剖析，从课堂艺术到辅导艺术，从艺术对话到精彩演讲，从个性张扬到群体发展，从全体教育到特殊教育，质朴无华，内容充实，观点鲜明，为教师深入研究和准确使用教学语言和教育语言提供了可以借鉴的经验。

6.《师者无敌》

本书编写的基本理念是：从内容构架而言，以促进教师对自身职业的理解为基础，以增进教师职业人生的完善为基本目标，以启发、引导的方式来促进教师德性的自主形成；从编写形式而言，力求摆脱单一的理论说教，从当代教师职业生活实际出发，抓住主要问题，采取生动、灵活的语体形式，把精要的论述与典型的事例结合起来，注重该书的可读性。

7.《教师的信仰》

职业精神是教师最不可缺失的本质的东西。一个教师能不能成为好教师、名教师，关键是有没有职业道德，有没有职业精神。今天的教育，缺的不是"楼房"，而是文化与技术；缺的不是理念，而是行为与操作；缺的不是水平，而是责任和精神。教育的希望，在于教师良心的回归、精神家园的重建。只要有了良好的精神状态，我们就有战胜任何困难的勇气，就有奋然前行的动力。

8.《看透学生的心理》

学生的心理困惑从何而来？概括来说就是一"高"一"低"：高，学生是承载社会、家长高期望值的群体，自我成才欲望非常强烈；低，其心理发展尚未成熟，缺乏社会经验，适应能力较差。正是这欲望与不能之间的矛盾造成了学生的心理问题。我们编写了本书，是期望引导教师与青少年共同克服这一难题，去打开人生的成功局面。

9.《卓越教师》

突出骨干教师的培训，既是加强中小学教师队伍建设的当务之急，又是提高教师质量的长远之计。本书提倡以培训学科带头人为目标，以现代教育思想、现代教育技术、特级教师的学术报告以及当前教改的热点问题为研究内容，源于实践又高于实践,可用做骨干教师的培训教材,也可用于普通教师的自我阅读与提高,以期使教师在不长的时间内达到或接近特级教师的水准,成为学科带头人。

10.《与学生打成一片》

如何做最受学生欢迎的老师,是每个老师都要思考的问题,也是每个老师都希望的,学校的课程很多,语文、数学、英语、科学、音乐、美术、体育等,每门学科都有自身的特点,每个学生都有自己的喜好,我们都能真正做到让每个学生都欢迎吗?本书将教会教师怎么样靠自己的才能和高尚的品德赢得学生的喜欢和尊重,让每一个教师都能成为受学生欢迎的教师。

11.《培养教师爱岗敬业精神》

本书从教师的角度,阐述了爱岗敬业带来的深刻变化,介绍了爱岗敬业的途径和方法,从勇于负责、乐于服从、热情专注、自动自发、团结协作、勤奋努力、敢于创新、节俭高效等方面,结合大量教育实例和人生哲理,给广大教师提供了爱岗敬业的崇高理念和修炼方法,希望每一个教师都能从中受益。

12.《教师职业道德与素质培养》

当前,各级教育行政部门和社会各界都非常关注师德建设,师德教育已经被列为教师继续教育的重要内容之一。本书以专题研究为主线,以典型的案例及案例分析为依托,从教师工作、生活实际出发,设置情境、提出问题,突出师德教育的操作性和实效性。本书将适应新世纪对教师职业道德建设的要求,该书也适用于在校师范生以及申请教师资格者学习。

13.《教师怎样提升教学质量》

每位教师的心里都有一个美好的心愿,那就是都想使教学质量得到最大程度的提高。众所周知,教学质量是学校的生命线,如何提高教学质量是每一位教师时刻都在研究、都想努力做好的一件事。要让教育不平凡,出路就在于能突破平常很容易被封闭的平庸局面。优秀的教师,会善于用智慧慢慢凿开通向教育风景的出口。

14.《教师快乐工作指导》

教师工作细致而繁琐,教师不仅要组织好各种教育教学活动,还要保证学生的身心安全。长期的忙忙碌碌、精神高度集中,教师容易产生麻木、倦怠、疲劳的职业状态。为使教师消除职业倦怠,学会快乐地生活,愉快地工作,需要多渠道支持帮助教师进入积极健康的工作和生活状态,从心理、物质和精神上给予帮助和支持,让教师感受到集体的关怀和温暖。

15.《教师工作减压指导》

当教师很累,这已经是所有中小学教师共同的感受。中小学教师劳动强度很大,长此以往,就很容易使教师患上疲劳综合症,导致未老先衰,甚至英年早逝的恶果,对教育的可持续发展和教师队伍的稳定十分有害。中小学教师的过劳问题应当引起政府有关部门的高度重视,以人为本的科学发展观要落到实处,不要仅仅停留在口头上。作为教师个人,我们不要只等待有关部门的措施,必须想方设法给自己"减压"，以防被疲劳综合症缠身。

16.《教师文娱活动指南》

与家人、朋友一起开开心心度过课外时间与星期天，使身心从工作中彻底解脱出来，我们需要多看到一些明天的太阳，让照亮别人的蜡烛燃烧得更久、更久……

17.《教师心理健康指南》

随着竞争愈来愈激烈，教师的工作节奏日趋紧张，精神上容易产生巨大压力，精神上和身体上的超负荷对健康是非常不利的。如果不注意休息和调节，中枢神经系统持续处于紧张状态，久而久之可导致交感神经兴奋增强，内分泌功能紊乱，产生各种身心疾病。本书力图从教师职业发展的实际需求出发，注重必要的理论引领与生动的案例分析相结合，突出专业性、应用性、操作性、可读性，可为广大中小学教师培训、自学提供借鉴，也可为高校相关专业的学生的学习、研究提供参考。

18.《教师怎样进行教学改革创新》

立足素质教育的学理，探析课堂教学的变革，反思课堂教学实践，重新审视素质教育理论，在实践和理论的互动中探讨我国教育的现实与未来。

19.《从历代名著中学习教育思想》

撷取世界知名教育家在世界教育史上具有重大影响和学习价值的教育名著进行选读。每位教育家及其著作均有作者简介、成书背景、内容精要、名著选读等内容。本书结合这些教育名家的成长经历，阐述了不同名著的理论内容和实践特色，批判继承了中外历史上进步的教育思想，对于提高读者的教育理论素养，提升教育工作者的教学水平和创新能力具有一定的借鉴意义。

20.《向教育名家学习教育智慧》

着重介绍当代教育家的教育思想。中国是一个教育大国，理应为全人类的教育作出自己的贡献。在几千年的历史文明进程中，中国也确实不断为世界教育的进步贡献自己的教育思想、教育制度和教育智慧。中华人民共和国成立以来，尤其是改革开放以来，中国教育发生了深刻变化，取得巨大成就，也不断涌现出新的教育思想、新的改革成就和新时代的教育家。我国一大批教育专家学者上下求索、大胆实践，为教育发展出谋划策，为教育改革殚精竭虑。他们的学术思想和教育实践直接推动了我国的教育改革与发展，并将对今后的教育实践与研究继续产生深刻影响。

由于时间、经验的关系，本书在编写等方面，必定存在不足和错误之处，衷心希望各界读者、一线教师及教育界人士批评指正。

作者

目　录

第一章

职业道德概述

1. 职业道德的特点

职业道德和社会公德、婚姻家庭道德一样，都有道德规范，是依靠社会舆论、人们的信念、传统习惯和教育的力量来维系的。但职业道德作为道德的一个特殊领域和行为调节手段，具有如下特点。

行业性

职业道德与职业活动紧密联系，具有职业特征。职业的责任、义务和专业内容决定了职业道德的规范。随着职业活动的复杂化，它的内容和要求也将随之发展和完善。每一种职业道德规范只适用于一定的职业活动领域。如医生的道德规范主要是治病救人、救死扶伤，营业员的道德规范主要是公平买卖、信誉第一等。一般来说，职业道德的行业性主要体现在两个方面：一是调节他们同所服务对象之间的关系；二是调节同一职业内部人与人之间的关系。

继承性

职业道德是在特定的职业实践中形成的。因为历史上延续下来的职业活动具有一些共同的性质和特点，所以一定社会的职业道德具有明显的继承性。这种继承性常常表现为某一职业的人们所特有的道德传统和道德习惯，表现为从事某一特定职业的人们所特有的道德心理、道德品质和职业语言等。例如，古往今来，教师的道德规范都强调"学而不厌，诲人不倦"。这一道德规范，是教育工作领域所特有的教与学、师与生关系的反映。但是不同社会形态的职业道德的继承性是相对的，它要受当时经济关系的制约和占统治地位的道德原则的影响。因此，不同社会形态下的教师道德规范又呈现差异性。

多样性和适用性

社会上有多少种职业，就会有多少种职业道德。各种职业道德规范，是人们在长期职业活动中总结、概括、提炼出来的，随着社会的发展，职业道德的内容也不断调整、补充。因此，职业道德具有多样性。

各种职业为便于指导工作和实施职业行为，大多根据本职业的特点要求，采用一些诸如规章制度、工作守则、生活公约等简明适用、简便易行的形式，使职业道德规范具体化，既生动活泼，又易于实践。正因为如此，职业道德对从事职业活动的人们的道德行为就具有较强的适用性和约束力。

2．职业道德的作用

人们要满足自身的物质、文化生活的需要，推动社会的发展，就必须从事一定的职业活动，并遵守一定的职业道德。因此，在整个社会的道德体系中，职业道德占有重要的地位。良好职业道德的形成，是整个道德建设的基础。科学的职业道德观念，对于人们的职业活动行为的选择和贡献大小，具有积极的导向、调节和激励作用。

职业道德是调节利益关系的重要手段

在社会生活中，不同的人在社会活动方面存在着一定的职业差别，各职业之间、各职业集体内部劳动者之间还存在着各自的职业利益和需要。因此，为了调节职业活动中职业集体与社会整体之间、职业集体之间、职业集体内部劳动者之间的利益关系，保持个人利益、职业集体利益和整个社会利益的基本一致，以保障各个社会领域中各种职业的顺利发展。除了采取一系列政治措施、法律措施、经济措施和行政措施，还应当对各种不同职业或职业集体中的劳动者，分别提出一些本职业人员应该遵守的具体的职业行为准则和规范。这种特殊要求，不仅是专业和技能方面的，还有行为的道德调节方面的。因此，职业道德是调节职业活动中各种关系、各种利益矛盾的特殊手段，是调整职业关系的基本准则，对于维护社会的正常生产生活秩序起着重要作用，是对各个职业集体、各从业人员的特殊要求。

职业道德所调整的职业关系包括两个方面：一是职业集体内部劳动者之间的关系。这种职业关系主要包括各部门之间的关系，同事之间的关系，领导和下属之间的关系。对这种关系需要用职业道德来调节，通过这种调节，要求职业内部的工作者，为了同一目标和正当利益和谐地工作，即各部门之间要互相信任、互相配合、彼此兼顾，以全局利益为重；同事之间要团结一致、平等互助、礼貌相待、和睦相处，有助于增进感情、减少矛盾、避免纠纷；上下级之间要互相理解、互相支持，上级关心下级，下级要尊重上级，这样才能防止内耗的产生，使一定职业生活呈现出整体的文明礼貌与和谐发展的可喜局面，共同完成好一定职业所要履行的社会职责。二是本职业与服务对象之间的相互关系。即一定职业的劳动者与该职业以外其他职业人员或社会上其他人员的关系。职业道德在这方面的作用，就是从本职业的性质和特点出发，使职业劳动者尽职尽责，更好地为他人为社会服务，满足社会之所需，解决社会其他群众之所急。任何职业劳动者，都必须讲求职业道德，尽力满足职业服务对象的要求，给它的职业对象以方便，保证它的职业服务对象的利益，维护这项职业工作的信誉和尊严。职业道德贯彻的怎样直接影响该职业的生存和发展，哪种职业为社会、为服务对象服务得好，得到社会的认可和赞同，哪种职业就兴旺发达；反之，其发展就要受社会的制约。当然，职业道德只有和一定的法律法规结合起来，才能发挥良好的社会作用。

职业道德是从事职业活动应该遵循的行为规范

职业道德是指在一定职业活动中所应遵循的、具有自身职业特征的道德准则和规范，其形成和发展直接受到职业活动的影响，是职业活动对人们行为的客观要求。职业活动是职业生活的基本内容，包括在自己的职业岗位上，按照职业要求从事业务活动，履行工作职责，使得职业对个人和社会的作用得以实现。在职业活动中，每一种职业都有它自己的生产或服务对象，都有各自活动的环境、内容和方式，都承担着不同的社会责任，具有不同的利益和义务。因此，对从事不同职业的劳动者应提出不同的职业要求，规定不同的职业道德规范。如医生和法官的职业不同，职责不同，服务对象不同，因而各自的职业道德也各不相同。作为医生的道德应该是救死扶伤，实行人道主义；而法官的道德则是刚直不阿、清正廉明。职业道德针对不同的职业特点，具体规定了从事不同职业的人在从业过程中应该遵循的行为规范，使从事该职业的人明确什么样的职业行为是对的，是应该做的，什么样的职业行为是错的，是不应该做的，以此为标准，用来指导、约束自己的职业行为，以保证职业活动的正常进行。

职业道德是形成高尚职业理想和情操的关键

职业活动是人类最基本的活动，决定和制约着其他各方面的活动。社会主义职业道德不仅对提高全社会的精神文明建设水平，促进现代化建设起着十分重要的作用，更是劳动者形成高尚职业理想和情操的关键。一个人是否成才，是否对社会有贡献，主要依靠在职业生活的实践中学习和提高。职业道德是人们职业生活的指南，它使人们初步形成的一般道德认识得到进一步提高，使它们的道德品质逐渐成熟，从而直接影响着人们的思想和行为的发展趋向。它规定具体职业的社会责任，指导人们在具体的职业岗位上，确立具体的生活目标，选择具体的生活道路，形成具体的人生观和职业理想，养成具体的道德品质。历史和现实生活告诉人们，一个人，能否成才，常常不在于他是否有优越的客观条件，而在于他是否有高尚的职业道德。在职业生活中学习、培养和锻炼各种优良品质，形成高尚的职业理想和情操，无论对社会，还是对个人，都具有十分重要的意义。

职业道德能促进良好道德风尚的形成

社会风尚是人们精神面貌和现实社会关系的综合反映。职业道德本身要受社会风尚的制约，同时也会对社会风尚发挥影响。社会是一个有机的整体，各行各业相互联系。职业道德风貌是社会道德风尚的一个重要方面。人们在自己的职业活动中，能否普遍地遵守职业道德，与社会生活的稳定，良好社会风尚的形成，有着直接的关系。如果人们有高尚的职业道德，能自觉地遵循职业道德规范，彼此间互相帮助、互相支持、方便他人、热情服务，以为人民服务作为自己工作的目的，那么就会形成良好的社会关系和社会道德风尚。在社会生活中，人们形象地把商业服务比喻为社会道德风尚的"窗口"，把医务人员称为"白衣天使"，把教师称为"人类灵魂的工程师"，都是职业道德对社会道德风尚产生积极影响的例证。相反，如果人们不讲职业道德，在职业活动中盛行以次充好、以假乱真、玩忽职守、以权谋私等不正之风，那么就会对社会道德风尚产生消极的影响，从而产生尔虞我诈、见利忘义等种种不良的社会风气。职业道德状况反映了整个社会的精神文明发展水平，如果每个人都把自己的工作看成是社会主义事业的一部分，自觉地按职业道德的要求去做，那么就会形成互相尊重、互相关心、互相帮助、友爱和谐、公正诚实的良好社会风气，从而有力地推动社会主义精神文明建设的发展。

3. 职业道德的原则

所谓职业道德原则，是指社会对人们在职业活动中的行为提出的最基本要求，也是职业道德的最本质规范。它贯穿于其他一切具体道德规范之中，而其他的具体道德规范则是道德原则的展开和补充。职业道德基本原则从根本上指导人们如何处理人与人之间、个人与社会之间的关系。

那么，社会主义职业道德的基本原则是什么呢？我们知道，集体主义是社会主义道德的基本原则。把集体主义的道德原则和职业特点结合起来，用以调节职业活动中人与人之间的关系，就成了社会主义职业道德基本原则。

集体主义是集体利益高于个人利益,并在保障集体利益的前提下，肯定个人利益的合理性，以实现国家、集体、个人三者利益统一的社会主义道德基本原则.其实质是正确处理集体利益同个人利益的关系。因此，虽然职业活动千差万别，但是每个劳动者都应遵循社会主义职业道德的基本原则，用以规范自己的行为。

在以私有制为基础的社会里，人们行为遵循的原则主要是个人主义、利己主义。"人人为自己，上帝为大家"就是资产阶级道德的信条。资本家在商业活动中也很讲信誉，提出"顾客第一""信誉第一"，但他们这样做的最终目的是为了获取更多的利润。因此，集体主义还是利己主义是区别社会主义职业道德规范和资本主义职业道德规范的根本标志。

在我国，由于消灭了人剥削人、人压迫人的经济制度和政治制度，全体人民在根本利益上是完全一致的，人们有共同的利益，共同的理想和共同的奋斗目标。为了维护共同的利益，实现共同的理想，就必须用集体主义思想把人民团结起来，把力量凝聚起来。每个人在各自岗位上都尽职尽责，提供优质服务。

在社会主义制度下，集体利益即代表国家和社会的整体利益、长远利益，个人利益一般是代表局部利益和目前利益。因此，集体利益和个人利益在根本上是一致的。集体的利益和需要就是集体中每个成员的共同的根本利益和需要，维护集体利益就是维护每个成员的共同的根本利益。但这绝不是说二者在任何时候都没有矛盾，相反，矛盾在职业生活中是经常发生的。这是因为社会的集体利益是从全局上，从长远上代表了每个社会成员的利益，而每个人由于情况不同，又有着许多局部的、目前的利益，在生产力水平还不高的情况下，不可能事事、人人都同时得到满足，这样就会出现集体利益和个人利益的矛盾。坚持社会主义职业道德的原则，就应该正确处理个人利益与集体利益的矛盾，时刻维护国家、集体的整体利益和长远利益，同时兼顾劳动者的个人利益，逐步提高劳动者的物质、文化生活水平。

4．社会主义职业道德的特征

社会主义职业道德是历史上职业道德的继承和发展，它除了与以往职业道德有共同点，还有自己的特征。

属于社会主义的意识形态

社会主义职业道德是建立在社会主义公有制经济基础上的，属于社会主义的意识形态。

社会主义职业道德是社会主义经济发展和政治制度的反映，对于社会主义经济和政治的发展也有推动作用。这是社会主义职业道德与其他社会的职业道德的根本区别，也是社会主义职业道德的最基本的特征。以往的职业道德则是建立在私有制经济基础之上，总是受着私有制经济关系的制约。社会主义职业道德不但克服了旧职业道德所具有的个人主义、小团体主义、行为主义和平均主义，而且摆脱了小生产的自私自利、狭隘保守和自由散漫等的影响。在社会主义条件下，各行各业都是社会主义事业不可缺少的部分，它们有着共同的利益、共同的目的，因而各行业之间是一种平等、互助、协作的关系。这和同行是冤家，同行之间互相倾轧的职业道德是不同的。

社会主义职业道德体系的组成部分

社会主义道德以为人民服务为核心，以集体主义为原则，以诚实守信为重点，以爱祖国、爱人民、爱劳动、爱科学、爱社会主义为基本要求，在社会生活的各个方面体现出来。社会主义职业道德是社会主义道德在职业生活中的具体体现，每个劳动者，在各自的职业活动中，都要按照职业道德要求规范自己的行为，全心全意为人民服务，努力实践社会主义道德。

要靠人们自觉地建立和遵守

社会主义职业道德与其他社会职业道德有着本质的区别，是一种崭新的职业道德，它是不能自发形成的，必须在马克思主义理论指导下，通过自觉的努力，才能建立和发展起来。要对广大干部和教师进行职业道德教育和训练，使他们明确本职业对整个社会所承担的责任，明确每个人工作的好坏与整个社会的关系，提高人们的自觉性，履行社会主义职业道德。如果不对从事各种职业的劳动者进行马克思主义和社会主义职业道德的教育，那么他们当中就有可能在市场经济大潮下，产生小团体主义，滋长"金钱至上"、损人利己、损公肥私等错误思想和行为。近几年，各个行业制定了一些体现职业道德规范和要求的公约、守则等，这是建立社会主义职业道德规范的有效措施。

社会主义职业道德坚持理论和实践的统一

社会主义职业道德原则和规范不是束之高阁的教条，而是为了指导人们的职业实践活动。因此，要求各行各业的劳动者都必须自觉地按照职业道德原则和规范来指导自己的思想和行为，做到理论和实践的统一。

5．教师职业道德修养的步骤

教师是人类文化、科学知识的传播者，是人类开发理性、奔向光明的引路人。没有教师，人类难以摆脱愚昧无知的状态、浑浑噩噩的境地。教师的职业是神圣的，担负着培养、教育下一代人的艰巨繁重的任务，他们用知识的力量去激励学生求知的欲望，以严爱之心架起师生间友谊的桥梁。教师不仅得到过崇高的赞誉，也被赋予过更多的要求，在当今社会尤其如此。知识经济时代要求今天的教师要比以往任何时候都要更加重视提高自身的思想政治素质和职业道德水平，更好地贯彻落实教师职业道德规范。

"学高信为师，身正堪称范"。学生时代正是世界观、品质、性格形成阶段,在他们的心目中,教师是智慧的代表,是高尚人格的化身。同时,这个时期的学生又具有"向师性"强、可塑性大的特点,教师的一言一行、一举一动都通过他们的眼睛在心灵的底片上留下影像,对他们的精神世界起着潜移默化的作用,就好比一场春雨,"随风潜入夜,润物细无声"。因此,教师一定要用自己的模范行动,为学生树起前进的旗帜,指明前进的方向,点燃他们心中的火种。

对于跨世纪教师的素质,特别是教师职业道德素质水平是至关重要的。因此,为了全面推进素质教育,加强教师队伍建设,以胜任21 世纪教育发展的要求,就必须切实加强师德建设。

要高度重视师德教育

首先,必须旗帜鲜明地把师德教育纳入学校重要工作日程。根据《教师职业道德规范》(以下简称《规范》),结合本校的实际,提出师德教育的具体要求,做到目标明确,措施具体,结合不同时期思想政治工作的要求,突出重点,务求实效,使师德教育经常化、制度化、规范化。

其次,要把师德列入教师的岗位责任制,定期检查和考核,对涌现出来的师德高尚的先进典型,大力予以宣传、表彰;对品德有缺陷的教职工,要加强教育、帮助,促进全体教师更好地教书育人,为人师表,把师德教育提高到一个新的水平。

积极引导教师学习理解

对《规范》反复深入地学习,使教师从自身所肩负的历史重任的高度,认识什么是教师职业道德,明确《规范》是党和国家对教师应该具有的职业道德的基本要求,其核心是爱岗敬业、教书育人、为人师表。要提高教师遵守《规范》的自觉性,使教师联系工作、生活的实际,深入了解《规范》所包含的具体内容,把《规范》作为指导自己行为的准则，进一步强化师德教育。

学习师德榜样，铸造一代师魂

师德榜样具有无穷的力量，如鲁迅先生对藤野先生的高尚师德一辈子也忘不了，时时激励着他去英勇战斗。教师要将自己的师德水准不断提高，就要以优秀典型为榜样，勤于学习，虚心学习，善于学习。

教师可学习的榜样非常多，首先要注意从教育家那里汲取思想营养，比如陶行知以"捧着一颗心来，不带半根草去"的精神为中国的教育事业做出了重要贡献。要主动了解他们的事迹，学习他们的优秀品质，升华自己的师德境界。

其次要学习优秀教师，在我国社会主义教育事业中成长起来了一大批优秀教师，他们的教育实践和先进事迹，生动地体现了新时代教师道德的崭新特点。要通过联系自己的实际，找出差距，学习他们的先进思想和他们的感人事迹，提高师德认识，激发师德情感。

坚持他律与自律并举，重在内心

一般地说，师德的形成由外部的他律逐步地转化为自我内部的自律。在师德教育中，要有效地运用外部力量——他律形式，强化教师的道德意识，更要依靠教师发自内心的信念。一个教师只有真正懂得了师德要求的重要性，只有发自内心地对人民教师道德义务的真诚信服和具有强烈的责任感，才会在教育实践中恪守人民教师的道德要求，充分发挥主观能动性，更好地教书育人。

"育苗有志闲逸少，润物无声辛劳多"。只要广大教师树立正确的价值观、质量观和人才观，增强教书育人、以身立教的使命感，爱岗敬业，开拓进取，就能在教书育人工作中取得可喜的成绩，中华民族的伟大复兴就指日可待！

6. 新时期教师职业道德要求

随着我国经济、社会及教育的发展，对教师职业道德提出了很多新要求。研究和探索这些新要求，对加强教师职业道德建设，提高教师队伍师德水平具有重要的现实意义。教无德不立，德无教不续，师德建设历史摆在了教师队伍建设的首要位置。新时期师德建设有哪些内容？要达到什么样的目标？

强化责任和敬业精神

从教育外部看，我国已由计划经济转为社会主义市场经济，人才市场机制也日趋完善，市场规律在教师资源配置中已发挥主导作用。从教育内部看，依据《中华人民共和国教师法》，以聘任制为核心的教育人事制度改革日益深化。按照"按需设岗、平等竞争、择优聘任、合同管理"的原则，教职工全员聘任制将全面实施。聘任制的实施将意味着教师职业"铁饭碗"的终结，也意味着一次选择、终身从事教师职业历史的彻底改变。

教师的聘任遵循双方地位平等的原则，由学校和教师签订聘任合同，明确规定双方的权利、义务和责任。双方平等自愿、双向选择为聘任制的重要特征。学校与应聘者在聘前或聘期期满后，都享有充分的选择自由。

在教师聘任制度下，《聘任合同》规定的权利、义务与责任将成为学校管理及教师自律的根本依据。与此相适应，教师职业道德必须强化责任与敬业，并需要大力倡导"在岗一小时，敬业六十分"精神。

树立现代教育观念

教育观念是教师对教育及教育问题的认识和看法，是教师判断教育现象、问题的标准，反映教师的教育价值趋向。教育观念应包括教育功能观、学生观、教育质量观、教学观、课程观、教育评价观、教育法制观等。

教育观念形成于教师的学习与教育教学实践，并在学习与教育教学实践中不断完善与更新。任何教育行为都与教育观念密切相关，都是教育观念的直接反映，教育观念对教师的教育教学思想及行为具有指导作用。教育观念有新、旧之分，陈旧的教育观念制约教师的教育教学思想及行为。

教育观念有正确、错误之分，错误的教育观念导致错误的教育行为。教师职业道德与教师的教育观念有着深层联系。是与非、对与错、美与丑等是社会道德形成的根本依据，同样，教师职业道德的形成追根溯源则取决于科学的教育观念。当前，在"应试教育"向素质教育转型过程中，很多的教师职业道德方面的问题、现象，都与教育观念有着本质的联系。

强调热爱学生，恪守有教无类

教育的宗旨是提高国民素质，培养合格公民。接受教育是全体国民的权利，面向全体学生必须成为教育的宗旨和要义。接受教育的学生不分贫富贵贱，"有教无类"不再是一种倡导，而是教师必须恪守的道德要求。反之，就是在剥夺法律赋予国民的权利。

热爱学生是社会赋予教师的职责。教师承担国家、社会的委托，按照社会的要求教育培养学生，使学生成长为社会所需要的人。学生是国家的下一代，是一个国家、民族的未来。教师热爱学生代表国家社会对下一代的热爱，是教师必须履行的职责。这种爱不同于其他任何感情的爱，是一种博大、无私、高尚的爱，是寄予着国家社会对下一代无限希望的爱，对国家民族未来充满信心自豪的爱。

热爱学生是教育规律的要求。教师要热爱学生这是由学生身心发展规律所决定的。教师的教育教学要取得预期的效果，要完成教育培养学生的任务，就必须要热爱学生。

强调创新精神和尊重学生

当今世界正在进入知识不断创新、科学技术突飞猛进和经济全球化的时代。世界各国都把提高创新能力作为增强综合国力和核心竞争力，赢得国际竞争主动权的重要战略手段。正如胡锦涛同志指出的，要建设创新型国家，教育是源头，人才是关键。而要培养适应时代要求和社会主义现代化建设需要的各级各类创新型人才，教师是关键。教师富有创新精神，才能培养出创新人才。

教师的创新精神直接影响中华民族的振兴和繁荣。新时期的教师必须要具有创新的思想、观念和意识，对创新有着深刻的认识和理解，懂得创新在人的成长和社会发展中的重要意义并应用于教育教学实践，培养适应时代需要的创新型人才。

尊重学生是培养学生创新精神，成就创新型人才成长的基础和条件。自尊、自信、自强、完美而独特的个性、健全而独立的人格、独立思考的能力等，是创新型人才必须具备的最基本的品质。这些宝贵品质的培养和形成均需尊重的滋养。尊重学生是培养创新人才的需要，是增强综合国力的需要，是提高我国国际竞争力的需要。

强调终身学习、与时俱进

当今世界已进入到了一个知识经济的全新时代。与以前相比，这个时代已表现出其特有的一些特征。知识更新的速度越来越快，知识经济正在深刻改变着我们的生产与生活方式，我们在享受着知识经济所带来的文明成就时，知识经济也给教师带来了新挑战：

一是学生获取信息、知识的渠道与数量大大增加，引导、培养学生判断、鉴别能力更加重要；

二是培养学生思维方式、学习方法，提高学生的思维能力和学习能力更加重要；

三是教师必须不断学习，更新知识，不断提高教育教学能力。教师要承担自己的职责，完成培养下一代的任务，必须与时俱进，率先投入终身学习之中，而且应在全社会发挥示范作用，为建设学习型社会做贡献。

树立合作意识，强调团结协作

教育最大的特点就是周期长，见效慢。教育培养人不仅需要学校教育、社会教育、家庭教育的配合与合作，而且在教育系统内需要各级学校教育的衔接与配合。在学校里不仅需要各学科教师之间的支持配合，而且也需要教学、管理、服务工作各环节的配合与合作。团结合作是教育规律的要求。当今时代，经济、社会发展所需人才更强调合作意识、协作精神。知识和高新技术是知识经济社会的支撑，高新技术的研发及应用，需要联合攻关，需要多方面、多系统合作的团队精神。

在经济发展全球化趋势下，跨越不同民族国家、政治制度、文化背景、历史传统等的差异，世界各国紧密联系在一起。一方面，各国之间经济、科技、文化、教育等合作交流越来越密切；另一方面，世界各国需要共同面对和解决人类社会发展过程中遇到的人口负担问题、贫困难民问题、资源短缺问题、环境污染治理问题、反恐怖问题等。培养世界性合作交流人才和世界公民已成为教育的重要任务，时代发展赋予了教师团结合作精神新的要求和内涵。

7. 体育教师职业道德的要求

加强师德建设，全面提高教师职业道德素质和整体水平，建立师德建设的有效运行机制，对于促进我国高等学校体育教育事业发展和加强社会主义精神文明建设，都具有重要的现实意义。

对教师职业道德的认识

（1）教师职业道德

教师职业道德指教师在从事教育劳动过程中形成的比较稳定的道德观念、行为规范和道德品质的总和，它是调节教师与他人、教师与集体及社会相互关系的行为准则，是一定社会或阶级对教师职业行为的基本要求。其内涵可以从这样三个方面来理解：

一是从教师职业的特点看，教师职业是一个与人打交道的职业，而只要有人和人关系的地方，就必然有道德；

二是和其他职业行为规范一样，教师的行为规范也可分为技术规范和道德规范两种；

三是从教师的行为方式看，教书与育人是联系在一起的，教师的道德品质和境界本身就是最重要、最有效的劳动工具。

（2）高校青年教师职业道德

高校青年教师职业道德，指高校青年教师在从事教育劳动过程中形成的比较稳定的道德观念、行为规范和道德品质的总和，是调节高校教师与他人、高校教师与集体及社会相互关系的行为准则。高校青年教师职业道德对教师开展教育活动的重要意义表现在以下五个方面：

①教师劳动任务的特殊性决定了从业者的道德品质是教师职业的必备素质之一；

②教师劳动过程的特殊性决定了教师的职业道德素质是教育实践活动顺利有效进行的重要调控机制；

③教师劳动对象的特殊性在客观上要求从业者必须具备良好的职业道德素质；

④教师劳动性质的特殊性决定了教师职业道德是教师维护自身形象和人格尊严的关键因素；

⑤教师劳动产品的特殊性赋予了教师职业活动特殊的社会责任，这一社会责任决定了教师职业道德特殊的社会价值。

（3）体育教师的职业道德

体育教师的职业道德，是社会主义道德原则和一般社会公共道德在体育教育中的表现。体育教师要进行体育教学，使学生掌握一定的技能和本领，提高学生的体育文化素养和能力，并促进身体的心态结构、生理机能和心理状态的完善和发展，使学生掌握体育卫生的基本知识和科学锻炼身体的基本方法，为学生的终身体育奠定基础。

教师职业道德方面存在的问题

目前，我国绝大部分高校青年体育教师能够安于清贫，乐道于教育，在教育这块土地上辛勤耕耘和浇灌。在充分肯定青年体育教师主流的同时，我们应必须清醒地认识到，青年体育教师成长的主要阶段伴随着一些不利因素的影响。职业道德出现的诸多问题主要表现在以下几方面。

（1）思想素质方面

很多高校青年教师缺少勤业、精业精神，得过且过的现象较为普遍。受功利主义左右，加之一些学校内部管理监督不严，职业道德教育和措施不力，特别是一些中老年教师对青年教师的"传、帮、带"

作用发挥得不好，有时甚至起到消极的影响示范作用，一些青年体育教师在职业道德方面与要求还有较大差距：

一是缺乏认真负责精神，事业心、责任感不强；

二是缺乏孜孜不倦的勤业精神，对工作的时间和精力投入不够；

三是缺乏严格要求的精业精神，只求"过得去"，不求"过得硬"。

在具体工作上，有的不按教学要求认真备课，甚至没有讲义，难以保证课堂质量；有的停留或满足于一般陈旧知识内容的传授，无心探索和介绍新的科技成果，无心致力于教育教学攻关；有的单纯教书，不重育人，忽视或忘记了教师教书育人的天职；有的忽视自我形象的塑造，不重为人师表，影响了学生心目中教师应有的良好形象，虽然这些现象在青年体育教师中不是普遍现象，但反映出青年教师在职业道德方面存在的主要问题却有普遍性，无论对教师本身还是对学生都会带来严重的不良后果。

（2）道德素质方面

教师的思想素质、道德水准、人格魅力以及言行举止等，都会深深地感染学生，影响学生世界观、人生观、价值观的形成，并且对学生人格、品德、养成习惯等都起着潜移默化的作用，社会上不良风气的蔓延，使得部分高校青年教师的师德意识淡薄，随波逐流，不安心于自己的本职工作，把自己等同于社会上的普通人员，没有意识到自己是为国家培养合格建设者和接班人的。有的青年教师缺乏实事求是的科学态度，不潜心于学术，不讲学术道德，有的青年教师不讲诚信，心浮气躁，急功近利，为了职称、待遇，挖空心思弄虚作假；有的青年教师工作中不愿意承担责任，自我感觉良好。

（3）专业素质方面

高校教师，特别是青年体育教师应该是富有朝气的，且具有勇于探索和敢于创新的精神，勇于打破常规。但是个别的青年体育教师却十分缺乏这种精神，在教学、科研和管理上敷衍，不求质量，创新意识缺乏或缺失，更无从谈起所谓复合型人才的培养了；有些青年体育教师对待工作缺乏科学和严谨的态度，得过且过，做一天和尚撞一天钟，无所事事，工作浮躁；有些青年体育教师产生了教学与科研实践中的惯性与惰性，在体育教学过程中不能更新知识，在科研上难以突破传统，不能对旧的东西提出挑战和变革，与时代的要求相差甚远。

教师职业道德问题产生的原因

（1）自身的原因

由于现在的高校青年体育教师大都出生在20世纪七八十年代，没有遇到过多大挫折。20世纪80年代左右出生的一代又大都是独生子女，所以在高校青年教师这个群体中，的确存在较为严重的"以我为中心"的个人意识。他们缺乏团体精神和合作精神，不愿意承担繁重的教学管理工作，青年体育教师的职业道德修养的自觉性在减弱。一些青年教师未能从自己所担负的特殊历史责任角度充分认识加强职业道德修养的重要性和紧迫性，片面地认为只要自己不犯大错误，职业道德修养高低无所谓。

客观来讲，有些青年教师虽然步入教师行业，但其思想仍处在学生时代，不能以教师标准严格要求自己；有一些青年教师的个人道德、价值观念、奉献精神受外部环境的影响比较大，关键时候不能意识到自己是教育培养大学生的教师，导致道德失范。

（2）社会原因

社会存在决定社会意识，任何人的思想道德无不打上时代的烙印。高校现在的青年教师大都成长在改革开放全面建设社会主义的历史时期。由于种种原因，目前在高校教育管理实践中，出现了对人才价值取向和判断标准上的偏差，主要表现为：

①在人才培养中"重业务，轻政治""重智育，轻德育""重学历，轻素质"的倾向日益明显，对教师是惟学术是举，用专业知识代替人才培养的全部内容，而忽视了人的全面发展和提高；

②在人才使用中只重学历和文凭、仅看业务能力和水平，而往往忽视了思想道德素质的要求，放弃了对道德的考核和量化，导致教师只重视业务水平的提高，忽视了自身思想道德素质的养成。

加强教师职业道德建设的对策

（1）加强教师职业道德修养

师德修养实际上是一个自我教育的问题。须遵循理论和时间的统一、思想和行动的统一的基本原则。是否有高度的自觉性，是修养能否成功的关键。师德修养的过程也是一个自我检查、自我评价、自我激励的过程，这就要求教师要着眼于崇高的目标，从实际出发，从平凡的工作做起。

虽然，加强师德修养的方式很多，但重点在于开展批评和自我批评。高校青年教师职业道德建设是一个长期复杂的过程，除政府、社会、高校的努力外，青年教师的自觉修养显得更为重要，只有把职业道德原则和要求真正变成他们的自觉行动，才能促进人格的不断完善。

（2）建立科学的教师职业道德评价体系

人们总觉得道德是"软"的、"虚"的，无法进行衡量和评价。因此，必须将其制度化，将其渗透到日常的行政规章制度中，具有可操作性，在此基础上建立起教师职业道德评价体系，从而使教师的职业道德要求变"硬"、变"实"。

（3）不断丰富自身提高创新精神

在重视提高青年体育教师思想政治素质的基础上，必须大力提高自身的文化素质、体育专项技能和创新精神。社会的进步和发展，对教师的素质、水平和能力提出了更高的要求。因此，作为一名体育教师，应当全面提高自身素质和体育专业技术，强化"以人为本"的理念，增强自身的综合能力。

8. 教师职业道德的养成方法

第一是"慎独"。慎独一词出自我国古籍，意思是道德原则一时一刻也不能离开，要时刻检查自己。

第二是要"积善成德"。教师只有用持续累积的方法，才能逐步具备高尚的教师道德品质。

第三要防微杜渐。对任何不符合教师道德的言行，都务必注意，将其消灭在萌芽状态之中。勿以恶小而为之，勿以善小而不为，指的就是这种防微杜渐的修养方法。

师德养成的具体方法

（1）知行统一，身体力行

理论与实践相结合是师德修养的根本方法。教师一方面要认真学习师德修养的相关理论，不断提高师德认识，树立高尚的道德理想；另一方面要积极投身于教育教学工作中。从小处着手，将道德理想，师德理论付诸行动，做好本职工作，教书育人，为人师表，这是师德修养的根本目的。

（2）严于自剖，兼听则明

这是促进个人进步的内在动力和外在推动力。由于教师工作的艰辛，繁重，复杂，教师在师德修养上会出现反复或曲折，也会因为种种原因产生这样的缺点或错误，正确开展批评和自我批评，"自剖"与"兼听"相结合，是教师修养的有效方法。

（3）见贤思齐，从善如流

生活本身就是一座道德宝库，教师可以从中汲取丰富的精神营养。

首先，教师要向先进模范人物学习。以他们为榜样，来激励和鞭策自己；

其次，发现学生身上的闪光点。"师不必先于子弟，弟子不必不如师"，"教学相长"，学生也常常会给予教师修养上的启迪；

最后，在生活中发掘美德的宝藏。教师要走出校门，到人民群众中去，发现和学习他们身上的优秀品质。见贤思齐，从善如流是教师师德修养的不竭源泉。

（4）反复磨炼，努力慎独

慎独是指在一人独处，无人注意的情况下仍对自己的行为谨慎不苟。慎独既是一种品德修养的重要方法，又是一种修养的极高境界。它要求教师把着眼点放在自己内心深处，省察自身的一言一行，且持之以恒，反复磨炼，使自己的师德修养逐步达到完美境界。

教师道德规范是对一定社会教育制度和教育活动中伦理关系的概括和总结，又是评判教师行为的道德准则。它体现了社会对教师职业行为的约束作用。

教师必须遵循的师德规范

（1）志存高远，爱国敬业

这是师德的根本原则，要求教师热爱中国共产党，热爱社会主义祖国，热爱本职工作，忠诚于人民的教育事业，并以自己良好的思想政治素质，崇高的理想信念教育引导学生。

（2）教书育人，为人师表

教师既要当传授知识的"经师"，更要做善于育人的"人师"，坚持教书与育人相结合，言教与身教相结合。教师的一言一行都应当成为学生的表率，"学为人师，行为示范"，应该成为所有教师的座右铭。

（3）热爱学生，诲人不倦

爱是师德教育的基础和核心。教师要热爱学生，关心学生，建立民主，平等，亲密的师生关系，做学生的良师益友。树立科学的发展观，教育观，人才观，全面促进学生的成长。

（4）严谨笃学，开拓创新

教师作为教育者，自身必须不断进步，成为热爱学习，善于学习和终身学习的楷模。始终坚持求真务实，勇于创新，严谨自律的治学态度，不断增强自身的业务水平和教学能力，并以良好的学识学风启发和影响学生。

（5）关心集体，团结协作

教师要强化大局意识和团结协作精神，维护学校的整体利益与荣誉，加强同行之间的交流与协作，彼此取长补短，携手共进。

9．教师职业道德修养的基本原则

教师职业道德修养的过程实质上是一个多因素、多矛盾相互交织、相互作用的运动过程。在这一过程中，每一个教师要实现自身道德品质从无到有、从低到高的转变，就必须注意把握和坚持如下基本原则。

坚持知和行的统一

知即对教师道德的认识及其在这一基础上所形成的观念等。这是师德修养的前提。行即行为，也就是教师把职业道德的理论认识付诸行动，这是师德修养的目的。

在教师职业道德修养中，知和行是统一的。一个教师如果缺乏必要的道德知识，连起码的道德善恶是非也分不清，不知道哪些言行与自身职业相符合，哪些言行与自身职业相违背，是不可能形成正确师德观念的。而学习了师德理论也并不能说明他具备了某种道德品质，如果只学不用，只说不做或者言行不一，说得再冠冕堂皇也只是徒有其名，培养高尚的师德品行只是一句空话。

坚持知行统一的原则，就是要把学习道德理论、提高道德认识同自己的行动统一起来，使理论与实践相结合。教师的师德观念不是自发产生的，教师只有掌握了科学的世界观、人生观、教育学、心理学、文学、伦理学、美学知识和教师职业道德的基本常识、基本原理，懂得了什么是善，什么是恶，什么是美，什么是丑，什么是高尚的行为，什么是卑劣的行为，什么是人民教师应当具备的职业道德品质，为什么应该具备这些道德品质，等等，才能提高对师德的认识，形成师德观念，为师德修养提供科学的理论指导。

因此，教师首先要不断学习道德理论，从而不断激发出道德情感，增强自身的道德意志和信念，为形成道德品质打下基础。

实践证明，教师关于道德修养的理论越正确、越全面、越深刻，按照道德原则和规范去行动，自觉性才会越强。同时，教师又要努力去实践道德理论，有道德去规范自己的行动。夸美纽斯说："道德的实现是由行动，而不是由文字。"张载也曾指出："若要成德，须是速行之。"这就是说道德知识必须付之实际行动，转化为道德行为。事实上，教师的道德风貌、道德水平的高低主要是由他们的行为和事业表现出来的。

因此，每一个教师在师德修养过程中更要注重品德实践，注重行为，自觉培养道德行为习惯，真正成为道德的高尚者。总之，只有坚持知和行的统一，才能真正提高师德修养。

坚持动机和效果的统一

所谓动机，就是趋向于一定目的的主观意向和愿望。它是意识到了的行为动因，即激励人们行动的主观原因。所谓效果，就是人们行动所产生的客观结果和后果，它是人的行为的客观记录。

动机和效果是人的行为的互为存在、互为转化的两个要素。动机是人的行为的思想动力。离开动机，就不会有行为的发生，也就谈不到什么效果。效果反映一定动机，动机本身就包含着对一定效果的追求并指导行为达到一定的效果。动机体现在效果之中，并通过效果去检验。动机作为主观东西，只有转化为效果才能实现作用，否则动机就成了一种毫无意义的空想或假想。此外，效果又是不断产生新的动机的基础。

教师职业道德的修养过程同样是动机和效果的相互依存、相互转化的过程。教师职业道德修养的动机来自社会、对职业、对学生所负的责任，来自对师德修养意义和作用的理解。作为教师，要时时意识到自己的职业对象是活生生的人，不仅担负着向下一代传授科学文化知识的重任，而且负有向学生进行思想品德教育的职责。

自身道德素质直接影响到学生的素质、影响别人的素质。当教师把这些认识和理解转化为自己的迫切需要和强烈欲望时，就形成了加强师德修养的内在动机。教师要真正担负起为人师表、教书育人的职责，还必须把这内在动机转化为行动，用教师道德的基本原则规范自己的言行，运用于自己的工作和生活的实际，以提高实际效果。

坚持动机和效果的统一。教师要不断进行道德理论和知识的学习，加深对师德修养意义和作用的理解，不断增强修养的动力。同时，要善于通过各种方式把良好的道德动机转化为客观的、外在的、现实的实际行动。在动机和效果的统一上实现师德境界的升华，既重视动机，又重视效果，才不会成为"说话的巨人，行动的矮子"。在动机和效果的统一上对自己提出比较全面的要求，是师德修养中必须坚持的。

坚持自律和他律的结合

所谓自律，是指自我控制，是教师依靠发自内心的信念对自己教育行为的选择和调节。所谓他律，就是指外部凭借奖惩以及各种制度规范等手段对行为进行的调节和控制。

自律和他律的关系，实质上就是内因和外因的关系。在师德修养中，教师自身的内因——内心信念是起决定作用的因素。一个教师只有真正懂得了师德要求的重要性，只有发自内心地对人民教师道德义务的真诚信服和强烈的责任感，才会在教育实践中恪守人民教师的道德要求，并会因为自己在教育活动中履行了某种道德义务而感到一种精神上的愉悦和满足，形成一种信念和意志，在今后的教育工作中勇于坚持这种行为。有了内在的师德信念，教师一旦发现自己的行为不符合师德要求，即使没有受到别人的指责和舆论的批评，也会受到自己"良心"的责备，感到羞愧不安，促使对自己的行为作出自我批评，尽力避免在今后再发生类似的事，纠正错误的行为。

因此，自律是师德修养的内在基础，是任何其他力量都不能代替的。虽然师德修养的内心信念是从教师内心发生的道德观念，道德情感和道德意志的统一体，但是这种内心信念不是自发形成的。而是教师在长期的教育实践中，在职业道德修养中有效地运用外部力量——他律形式，强化教师的道德意识，督促其坚持道德行为也是必不可少的。

总之，教师职业道德的修养既要用外在因素进行自我约束，又必须发挥主观能动性，做到自律和他律的结合。

坚持个人和社会结合

个人是指具有一定身体素质、思想道德和文化素质以及某种个性和特殊利益的社会一分子。社会是指以生产劳动为基础，按照各种社会关系结合在一起的人类生活共同体。社会中的每一个人都占有一席之地，都在以他的思想、道德、所做所为影响、作用于社会。

在教师职业道德的修养中，个人与社会同样是相互作用的。教师职业道德修养首先是一种自觉意志的行为过程，是教师个体清楚意识到各种利益关系，遵循一定的道德准则，凭借自觉意志控制和处理感情和行为的结果，是教师个人自觉意志的凝结。教师职业道德修养的每一步又都离不开社会，离不开社会舆论的评价和监督。社会在道德上对教师提出了很高的要求，这就为教师进行师德修养提供了外在的动力和努力方向。

社会也通过教育实践为教师提供了师德修养的场所、机遇，有利于教师在精神上达到积极进取、美好和谐的境界，在事业中真正发挥个人的聪明才智，取得成就。在这个过程中，离开社会，师德修养就没有方向，就无法体现；而离开个人，社会提出的师德要求没有接受者，没有践行者，也就会落空。

因此，在教师职业道德修养过程中要把个人与社会结合起来，把自我价值与社会价值结合起来。教师个人要了解社会，研究社会，以社会需要为目的，用社会对教师道德的要求检点自己，提高认识，付诸行动，在为社会作贡献中塑造自身人格，实现自身价值。社会要尊重教师的身份和地位，给每个教师提供道德行为选择的客观基础，并通过好的环境、舆论、评价等方式促使教师道德品质得到升华，达到崭新的道德境界。

坚持继承和创新结合

师德并不是一成不变的，它是随着社会经济关系的发展变化而不断发展变化的。在进行师德修养中，创新与继承必须同行。必须在当代社会主义经济政治的基础上，在新的教育实践中，借鉴传统的优秀师德，重建新的更高的社会主义师德。总之，师德修养中既要继承和发扬传统师德，又要根据时代这一新的社会环境和客观条件有所创新，在师德修养上达到一定的高度，登上一个又一个高峰。

10．教师职业道德修养的基本方法

教师职业道德在历史上有各式各样的修养方法，历史上的伦理学家指出过许多具体的条目。例如，儒家学派先提出的"内省""自讼""格讼""格物""致知""正心""诚意""躬行践履"等。在社会主义条件下，虽然人民教师职业道德修养方法因人而异，但一般来说，有加强理论学习，注意内省，慎独，与教育实践相结合，虚心向他人学习，坚持不懈努力。只有共同运用这些修养方法，加强教师职业道德修养才能富有成效。

加强理论学习，注意内省，慎独

（1）道德修养要加强理论学习

人们从事改造客观世界的活动需要知识，这就必须学习。同样，人们改造主观世界，提高自己的道德水平，也需要学习。加强理论学习，是教师职业道德修养的必要方法。

第一，教师要认真学习理论，树立正确的世界观和人生观。不学习理论，就不可能科学地、全面地、深刻地认识社会，认识人与人之间的正确关系，因而也就不可能形成正确科学的人生观和世界观。从根本上说，一个教师高度的社会主义师德觉悟，正是以正确的科学的世界观，人生观和革命理想为指导的。

第二，应在理论学习中深刻理解教师道德规范和要求，明辨道德是非，提高遵守师德规范和要求的自觉性。要将师德要求转化为教师个人的内心信念，需要教师有一个自觉学习、接受教育的过程。有的教师违背师德要求，常常不是有意的，而是对遵守师德规范和要求的必要性、重要性缺乏了解和认识引起的，因此教师学习和掌握社会主义师德的基本知识是非常重要的。

第三，应当学习教育科学理论和丰富的科学文化知识，掌握教书育人的本领。教师只有学习教育科学理论，掌握教育规律，按教育规律办事，才能更好的完成教书育人的职责，这本身是教师职业道德规范的一个要求。通过学习教育理论，教师能进一步明确自己在教育教学中的主导地位，对学生的身心发展起重要作用，这就更能使教师进一步严格要求自己加强职业道德修养。教师还应学习丰富的科学文化知识，只有广泛地学习有关自然科学和社会科学知识，才能使教师从各种关系和联系中来认识和改造世界的任务，认识社会和人生，真正做到教书过程中育人。

（2）道德修养应注重内省和慎独

"内省""慎独"，也是教师职业道德修养的重要方法，要注意在理论学习过程中进行"内省"和"慎独"。

"内省"，即指自觉地进行思想约束，内心时时反省检查自己的言行。内省是靠自觉性来约束的，不自觉或自觉性不高就难以真正进行内在的自我反省。

"慎独"，既是一种崇高的道德境界，又是一种道德修养的重要方法。指的是在别人看不见、听不到的时候，在闲居独处的情况下，更要小心、谨慎、严格要求自己，使自己的言论和行为符合道德要求。刘少奇同志对"慎独"也有一个界定：一个人在独立工作、无人监督、有做各种坏事的可能的时候，不做坏事，这就是慎独。

教师的劳动特点富有极强的自主性和独立性，没有"慎独"的修养，那就很难做好教育工作。

勇于实践磨练，增强情感体验

人的道德修养不能脱离改造社会、改造世界的客观实践。与教育实践活动相结合，按照教师道德的规范和要求，不断进行自我教育的和自我改造，是教师职业道德修养的根本方法。教育实践不仅是教师进行师德修养的现实基础，也是检验师德修养的惟一标准。

教育实践是教师职业道德修养的目的和归宿。教师道德修养的目的，在于形成良好的师德素质，提高教育实践能力。教师不仅要通过理论学习来分清是非善恶，更重要的是要求身体力行，把这些认识用以指导自己的行动，培养自己良好的品行。就像我国近代著名的教育家蔡元培先生指出的：道德不是记熟几句格言就了事的，要重在实行。

教育实践是正确师德观念的认识来源，教师只有在教育实践活动中，才能正确认识教育活动中的各种利益和道德关系，才能培养好自己的师德品质。教育实践是不断进行教师职业道德修养的动力，教师道德品质修养不是一蹴而就的，而是要在教育实践中不断认识，不断提高，不断完善。

虚心向他人学习，自觉与他人交流

师德修养不是教师个人孤立的脱离社会的闭门修养，而是在教育实践中人与人相互交往、相互影响的社会性活动，教师品德修养也是社会道德进步的重要组成部分。在社会生活中总是蕴藏和涌现着美好的思想品质和道德风尚，教师作为精神文明的传播者，也应该成为良好道德情操、思想风貌的效仿者和学习者。因此，"见贤思齐"，虚心向他人学习，自觉与他人交流就是师德修养的一个好方法。

虚心学习他人，首先要注意从教育家那里汲取思想营养。比如，在发展我国人民教育事业中有一大批革命教育家，如徐特立、陶行知、吴玉章等，为我国人民教师留下了宝贵的精神财富。他们有热爱党，热爱祖国，热爱人民，热爱教育事业的高尚情感，有热爱学生、教育育人、钻研知识可贵品格，有无私无畏、勇于创造的革命精神，向我们展现了人民教师的理想人格，只有主动了解他们的事迹，学习他们的优秀品质，才能升华自己的师德境界。

虚心学习他人，也要以优秀教师为榜样，在我国社会主义教育事业中成长起来了一大批优秀教师，如我们所熟悉的于漪、魏书生等。他们的教育实践和先进事迹，生动地体现新时代教师道德的崭新特点，是教师职业道德理论的具体化，也是十分宝贵的精神财富。学习他们的先进思想和感人的事迹，既能帮助我们提高师德认识，又能诱导和激发我们的师德情感。

虚心学习他人，还要向教育对象——学生学习。古人云："师不必贤于弟子，弟子不必贤如师。"诚然，在教育中教师占着主导的地位，但也不应忘记学生的童心的纯真，执著地追求美德和高尚的情操，在许多方面是值得教师学习，教师要善于发现学生身上的闪光点，诚心诚意地向学生学习，在师生互学互勉中汲取精神营养，完善师德品质。

总之，善于向别人学习的人，是发展潜力最大的，最有发展前途的人。在师德修养中善于虚心学习他人、自觉与他人交流，才有可能成为师德修养高的教师。

确立可行目标，坚持不懈努力

师德修养和人们认识和改造客观世界的一切活动一样，不能是盲目的、无计划的，而必须有着明确的目标作为指导。

在教师职业道德修养中，指导整个修养过程的总目标是崇高的教师职业道德理想，它作为一面旗帜，为教师如何做人、如何胜任教书育人的责任指明了前进的方向和奋斗目标，并成为教师生活的重要精神支柱，推动和激励着教师朝着更高的道德境界奋进。

但教师道德修养过程是构成师德的各种要素相互制约、相互影响、相互作用的过程，个人原有道德水平与社会道德要求之间的矛盾和不平衡性，使得教师道德修养的目标必然有着层次之分，每个教师必须从自身的实际情况出发，确立可行的目标，去努力实现自身师德从无到有，从现有层次向更高层次的攀登。

师德修养实际上是教师道德认识、情感、意志、信念、行为和习惯诸多要素从无到有、从低到高、从旧质到新质的矛盾运动过程，因此也就决定了它是一个长期的、艰苦的过程，这就必然要求教师要坚持不懈地努力。不管是师德认识的提高、师德情感的陶冶、师德意志的磨练、师德信念的确立，还是师德行为和习惯的培养都不可能是短时期的、轻而易举完成的，也不可能一蹴而就。一个教师在教育实践中要不断地选择自己的行为，教育实践活动的深入和发展，会提出许多新的问题，教师总是面临新的选择和考验，教师道德修养也就不能停留在一个水平上，而是永无止境。

每一个教师都要长期修养，不断磨练，只有做到坚持不懈才能使自己的思想品德修养不断提高，达到更高的境界和水平。

总之，师德修养是一个循序渐进、逐步提高的过程，既要有崇高的师德理想作为个人修养的目标，又要从自身实际出发，有切实可行的具体要求，从现实实践中的具体问题入手。

第二章

职业道德教育

1. 怎样理解职业道德教育

职业道德教育是指一定的社会、职业集团，为培养符合自己需要的理想的职业道德人格，依据一定的职业道德原则和规范，有目的、有计划、有组织地对人们施加职业道德影响的活动。

任何一个从业者的职业道德品质，都不是生来就有的，而是通过职业道德教育，不断提高对职业道德的认识后逐渐形成的。一般来说，从业者在刚就业时，他们的道德观念主要来自学校、社会和家庭。从业后，在未系统接受职业道德教育之前，他们对职业道德的认识也往往是模糊不清的。只有在经过了系统的职业道德教育，并通过工作实践，对职业道德有了一个比较深层次的认识后，才能将职业道德意识转化为自己的行为习惯，自觉地按照职业道德规范的要求进行职业活动。

职业道德教育的过程主要包括五个方面的内容，即提高从业人员的职业道德意识，陶冶职业道德情操，锻炼职业道德意志，确立职业道德信念和培养职业道德习惯。

2. 如何认识职业道德教育的意义

市场经济呼唤职业道德教育

职业道德是社会主义道德体系的重要组成部分，是处理行业之间、从业人员之间关系的行为准则，是制约职业群体行为的一种道德规范。加强职业道德教育，能够调整不同职业成员之间的矛盾，促进人与之间的团结，形成关心他人、关心社会的良好风尚。因此，加强职业道德教育必然会推动社会主义市场经济健康发展。

是人民群众的强烈要求

行业不正之风屡禁不止，其受害者是广大人民群众。因此，他们强烈呼吁纠正行业不正之风，希望通过加强职业道德教育唤起每个从业人员的良知，在自己的工作岗位上树立起高尚的职业道德观念，自觉地从道德的角度去审视自己的行为，自觉地用道德的力量遏制行业不正之风。其次，人们希望用道德的力量构筑起团结、和谐、友善的人际环境。职业道德可以起到调节人际关系、稳定人心的润滑剂和安定剂作用。通过加强职业道德教育，各行各业都讲究职业道德，人们就可以在"我为人人，人人为我"的社会实践中，品尝到更多的甘甜果实。最后，人们希望加强职业道德教育，使开放的中国在世界上树立起良好的形象。目前，我国正处在计划经济向社会主义市场经济转变的关键时期，重视两个文明建设的协调发展和社会的全面进步至关重要。每一个教师的职业道德形象，直接影响学校的形象，而学校的形象又影响着中国在世界的形象。为了把我国建设成为一个富强、民主、文明的社会主义国家，使强大的中国屹立在世界的东方，我们必须加强社会主义精神文明建设，提高教师的职业道德水平，真正使两个文明协调发展，比翼齐飞。

3. 如何开展社会主义职业道德教育

社会主义职业道德建设的基本任务是引导人们树立建设中国特色社会主义的共同理想和正确的世界观、人生观、价值观，大力倡导爱岗敬业、诚实守信、办事公道、服务群众、奉献社会的职业风尚，这为开展职业道德教育指出了明确的方向。

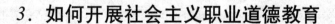

树立正确的世界观、人生观和价值观

改革开放以来，特别是在建立社会主义市场经济体制过程中，由于受资产阶级腐朽思想的侵蚀影响，部分教师信念动摇，理想模糊，敬业爱岗、恪尽职守的意识淡薄。因此，帮助教师树立正确的世界观、人生观和价值观具有非常重要的意义。它不仅是保证市场经济顺利发展的需要，而且也是市场经济条件下精神文明建设的一项紧迫任务。我们要通过对教师进行马克思列宁主义、毛泽东思想和邓小平建设中国特色社会主义理论的教育，通过开展爱国主义、集体主义、社会主义和工人阶级历史使命、优良传统教育，帮助教师正确认识中国特色社会主义的本质特征和发展规律，澄清模糊认识，坚定社会主义信念，

树立正确的世界观、人生观和价值观，正确处理国家、集体和个人之间的利益关系，自觉抵制拜金主义、享乐主义和极端个人主义的侵蚀。这样，才能使职业道德意识在教师思想上深深扎根，才能使教师以高尚的职业道德品质对待本职工作。

扭转行业不正之风

职业责任淡薄，职业纪律松弛，是导致行业不正之风的一个重要原因。因此，要从根本上扭转行业不正之风，除建立健全法制之外，还必须大力加强职业责任、职业道德和职业纪律的教育，使广大教师树立起全心全意为人民服务的思想，促进各行各业形成以为人民服务为核心的"爱岗敬业、诚实守信、办事公道、服务群众，奉献社会"的良好职业风尚。只有自觉用良好的职业道德规范约束自己的行为，才能使社会风气得到根本好转。

发扬艰苦奋斗的优良传统作风

艰苦奋斗是职业道德教育的重要内容，也是我们党的优良传统和传家宝。但随着经济的发展和人民生活的改善，在一部分人当中，

艰苦奋斗的思想淡薄，有的人甚至认为艰苦奋斗是僵化保守，应该放在"更新"的观念之列。这种认识显然是不对的。艰苦奋斗的优良品德仍然需要继续保持和大力发扬，尤其要在青年教师中进行艰苦奋斗优良传统的教育，引导他们正确认识国情，正确认识建设中国特色社会主义的长期性和艰巨性，牢固树立勤俭建国、勤俭办事思想，大力发扬艰苦奋斗、励精图治、自强不息的精神，坚决反对铺张浪费、挥霍公款、比阔气、讲排场的败家子作风。

遵纪守法，严格执行各项制度

要在广大教师中广泛开展遵守宪法和法律的教育，普及法律知识，增强民主法制观念，使他们懂得公民的权利和义务，自觉依法办事，依法律己，在法律允许的范围内从事职业活动。同时，也要懂得依法维护自身的合法权益，善于运用法律的武器同犯罪行为作斗争。要运用法律等手段约束、制止不文明的行为，规范和养成良好的职业习惯。

遵守职业纪律，严格执行规章制度，既是维护正常劳动秩序的需要，也是每个教师应尽的义务。要制定各种规章制度和加强劳动纪律教育，使广大教师以主人翁的劳动态度安心本职工作，服从工作分配，听从生产指挥，提高劳动效率，保质保量地完成或超额完成生产任务。只有达到了这样的职业要求，才是一个合格的、有觉悟的劳动者。

学习科学知识，提高自身素质

社会主义精神文明建设包括思想道德建设和科学文化建设两个基本方面，两者互相联系，互相促进，构成了社会主义精神文明对公民的统一要求。劳动者单纯靠体能和常识已无法适应现代的工作要求，也无法从事高质量的工作，产生高效益。要把我国的经济建设转移到依靠科技进步的轨道上，要实现经济增长方式由粗放型到集约型的转变，就要提高广大劳动者的科学文化素质。工会组织要努力维护教师接受职业技能教育的权利，高度重视和推动教师的科学文化技术教育工作。积极参与、大力协助和推动政府、企事业单位切实加强对教师的职业培训。要积极做好宣传工作，不断提高广大教师学习科学文化技术、钻研业务和知识的积极性和自觉性，组织和吸引更多的教师参加学习，为他们提高素质创造条件，提供服务。例如，广泛开展读书自学、岗位练兵、技术比武、技术竞赛、拜师学艺、学绝技绝活等各种群众性生产技术活动，鼓励和帮助教师岗位成才，使广大教师适应技术不断进步的要求。

4. 加强职业道德教育有什么意义

职业道德是伴随人类社会劳动分工的深化而产生和发展起来的高度社会化的角色道德。它不仅是社会道德系统中一个具有特色的分支，而且是一个最具代表性和起关键作用的社会道德层面。因此，职业道德教育是现代社会整体道德建设的突破口。随着社会主义市场经济体制的确立，我国社会经济成分、组织形式、就业方式、利益关系和分配方式日益多样化，人们思想活动的独立性、选择性、多变性和差异性日益增强。这有利于从业者树立自主意识、服务群众、办事公道的意识、积极进取、开拓创新意识和时间、效率意识，但也使从业者产生拜金主义、功利化、为获取最大盈利而不择手段或组织纪律涣散等不良倾向。因此，加强职业道德教育，提高其实效性，也就提上了议事日程，具有重大意义。

①加强职业道德教育，是发展和推进社会主义市场经济的迫切需要。英国著名经济学家罗宾逊夫人在其《经济哲学》中指出："任

何一种经济制度都需要一套规则，需要一种意识形态来为他们辩护，并且需要一种个人的良知努力促使他们去实践。"社会主义市场经济作为一种经济制度，也需要一套与之相适应的规则和意识形态。《中共中央关于加强社会主义精神文明建设若干重要问题的决议》指出："建设社会主义市场经济体制，是我国经济振兴和社会进步的必由之路，是一项前无古人的伟大创举。这种经济体制，不仅同社会主义基本经济制度结合在一起，而且同社会主义精神文明结合在一起。"这告诉我们，市场经济体制的建立，必然要求社会主义精神文明建设包括职业道德教育与之相适应。

②加强职业道德教育，是发展社会主义精神文明的需要。《公民道德建设实施纲要》指出："党的十一届三中全会特别是十四大以来，随着改革开放和现代化建设事业的发展，社会主义精神文明建设呈现出积极向上的良好态势，公民道德建设迈出了新的步伐。"但与此同时，也存在着不少问题。"社会的一些领域和一些地方道德失范，是非、善恶、美丑界限混淆，拜金主义、享乐主义、极端个人主义有所滋长，见利忘义、损公肥私行为时有发生，不讲信用、欺骗欺诈成为社会公害，以权谋私、腐化堕落现象严重存在。"职业道德教育作为社会主义精神文明建设的重要组成部分，加强职业道德教育也就摆在了议事日程之中。因此，在《中共中央关于加强社会主义精神文明建设若干重要问题的决议》中就曾指出："当前要以加强职业道德建设、纠正行业不正之风为重点。"

③有利于提高全民族的道德素质，促进全社会道德风貌的好转。职业活动是一个人一生中主要生活内容，人生价值、人的创造力以及对社会的贡献是通过职业活动得到实现的。所以人的品德、精神境界、价值观念也主要通过职业活动体现出来，并充分展示出一个人总的精

神风貌和道德情操。职业岗位是培养人格的最好场所，也是表现人格的最佳场所。全社会各行各业的从业人员都注重职业道德品质修养，必然会提高全民族的道德素质，从而带动全社会道德风貌的好转。此外，人的情感是相互传递的。高尚的道德情感以一种示范姿态，传递给自己的职业对象，使自己的职业对象感到心情舒畅愉快，并把这种情感体验化为自己的行动，同时再传递给其他职业工作者。如此往复，在全社会造成良好氛围，全社会的道德风貌在人们彼此影响感化之下，在党和国家共同倡导下必然会有一个较大提高。

5. 加强职业道德教育有什么原则

在职业道德教育过程中，要充分重视受教育者自身的自主性和自律性。美国著名的道德哲学家弗兰克纳曾指出，"从道德上讲，任何道德原则都要求社会本身尊重个人的自律和自由，一般地说，道德要求社会公正地对待个人，并且不要忘记，道德的产生是有助于个人更好的生活，而不是对个人进行不必要的干预。虽然道德是为了人而产生，但不能说人是为了体现道德而生存"。因此，道德的本质在于它是人探索、认识、肯定和发展自己的一种重要方式，是人的需要和生命活动的一种特殊表现形式，而不是社会对付个人、反对个人的工具。道德不仅是要求主体对自身以外的规则、规范负责，而是首先要求主体对自己负责，因为只有对自己负责的人，才可能是一个对自己置身于其中的种种关系持积极的、负责态度的人。因此，在对受教育者进行职业道德理论灌输的过程中，也要充分发挥受教育者自身的主体性，调动他们的主动性，只有这样，职业道德理论才有可能内化为受教育者内在的职业道德品质，外化为正确的职业道德行为。

与行业相结合的原则

从职业活动决定职业道德的角度看，职业道德表现为"职业化""角色化"的特征。职业道德总是要鲜明地表达职业义务、职业责任以及职业行为上的道德准则。它不是一般地反映社会道德和阶级道德的要求，而是要反映职业、行业以及产业特殊利益的要求；它不是在一般意义上的社会实践基础上形成的，而是在特定的职业实践的基础上形成的。因此，在进行职业道德教育过程中，应根据受教育者从事的行业有针对性的施教。比如，对 IT 行业的教师重点讲授网络职业道德，对财会行业的教师重点进行"不做假账"的教育，对医护人员进行人体试验的道德教育、秘密限界教育，以及稀有医疗资源的公平分配等教育，对领导干部进行权为民所用、情为民所系、利为民所谋取的教育等。

终身性的原则

人的教育具有终身性，对从业者的职业道德教育也应坚持终身性的原则。这种终身性，对群体而言是终身教育，对个体而言是终身学习。从现代系统论的角度分析，终身学习涵盖着三维结构，并构成一个网络系统；从时间角度上分析，终身学习是人一生的学习过程，即活到老，学到老；从空间角度上分析，终身学习是指学校、家庭和社会的有机结合；从学习形式上分析，有职前学习和职后进修、学习。但是，无论从哪个角度分析和理解，受教育的终身性是历史发展的必然趋势，也是现代西方道德教育发展给我们的启示："教育与人的生活共始终，教育是人的一生持续不断的生长发展过程。"

与职业技能教育相结合

没有过硬的技术、技能和较高的业务工作水平，是不可能很好地履行职业道德、职业责任的。崇高的职业道德不仅表现为自觉履行职业责任、遵守职业纪律，还表现为完成本职工作的过硬本领。进行职业道德教育的目的是更好地指导职业实践，促进生产力发展。所以，要做好工作，仅对职业有深刻的认识和深厚的感情是不够的，还需要有较高的文化素养和业务水平。如果缺乏搞好本职工作的知识和技能，全心全意为人民服务和完成好本职岗位任务，就会变成一句空话。

先进性要求同广泛性要求相结合原则

市场经济体制的确立，出现了不同的社会阶层和群体，他们的经济状况、生活环境、思想认识、文化素质、心理特征都有所不同。这就决定了职业道德教育必须根据教育对象的差异制定不同的教育目标、内容和方法，"要注意区分层次，针对不同特点，把先进性的要求同广泛性的要求结合起来"，职业道德教育的先进性要求应以广泛性要求为基础，广泛性要求应以先进性要求为指导，二者相辅相成，密不可分。坚持职业道德教育的"广泛性"要求，"鼓励支持一切有利于解放和发展社会主义社会生产力的思想道德，鼓励支持一切有利于国家统一、民族团结、经济发展、社会进步的思想道德……一切有利于履行公民权利与义务、用诚实劳动争取美好生活的思想道德……"就是把社会主义职业道德最基本的规范交给劳动者，让劳动者将之化为实际行动。坚持"先进性"要求，"坚持在全社会提倡社会主义、共产主义道德，大力弘扬爱国主义、集体主义精神、为人民服务和甘于奉献的精神"，旨在把职业道德教育的水平由低层次引向高层次，使全社会职业道德精神不断升华，从而达到"团结和引导亿万人民积极向上，不断提高全民族的思想道德水平"目标。

与社会管理相结合原则

《公民道德建设实施纲要》指出："要广泛进行道德教育，普及道德知识和道德规范，帮助人们加强道德修养。建立健全有关法律法规和制度，把公民道德建设融于科学有效的社会管理之中。逐步完善道德教育与社会管理、自律与他律相互补充和促进的运行机制，综合运用教育、法律、行政、舆论等手段，更有效地引导人们的思想，规范人们的行为。"

与法制教育相结合

虽然职业道德重在行动，也是易于实行和检查的道德，但是职业道德的形成和发展不可能是自发性的。社会主义的职业道德必须在科学的理论指导下，经过人们的自觉努力，才能逐渐树立起来。虽然道德和法律尽管约束的形式和范围不同，但都是人们在社会生活中的行为规范，社会上有许多例子说明。由于个别教师不遵守职业道德进而触犯了法律，说明职业道德教育与法制教育相结合是十分必要的。如进行忠于职守的教育，可以联系法律对渎职行为的规定；进行服务意识、质量意识的教育，可以联系《中华人民共和国消费者权益保护法》等法律规定；进行文明生产意识教育，可以联系有关生产操作规程的规定；讲注重信誉，可以联系有关《中华人民共和国合同法》的规定；进行竞争意识的教育，可以联系有关知识产权保护、反不正当竞争法等法律规定。

建立激励机制

《公民道德建设实施纲要》中指出："要把遵守职业道德的情况作为考核、奖罚的重要指标，促进从业人员养成良好的职业习惯，树立行业新风。"以前，对教师遵守职业道德规范的情况没有适当的考核，也是影响职业道德教育效果的一个原因。在新形势下，学校已实行了全员合同制、管理干部聘用制，学校和教师双向选择，同时经济管理机制也逐步完善，这就可以把对教师遵守职业道德规范情况的考核渗透到劳动用工制度和经济责任制考核当中，建立起职业道德教育的激励机制。一方面，严格任职资格制度，把就业、任职、上岗同职业道德建设联系起来。学校在聘用干部、选择上岗教师时，对一贯遵守职业道德的人员给予优待，对违反职业道德的人员进行严格限制，以激励教师自觉遵守职业道德规范；另一方面，把职业道德的要求写进招工等劳动合同和规章制度。教师违反了职业道德规范就是违反了合同，违反了规章制度，学校要严格按合同和规定对教师进行处罚。

6. 如何进行职业道德修养

要达到最终形成职业道德习惯，达到一定的职业道德境界的教育目的，应当有相应的方法。这些方法，不可能仅仅是认知的，还必须是审美的；不可能只依靠外在的力量，还需要依靠内在的力量。人不但生产外物，而且生产自身。人类按"美的规律"生产，发展人的本性和能力。人也通过审美活动陶冶情操，完善审美心理结构，形成完善的道德人格，所以德育不仅离不开智育，更离不开美育。"寓教于乐"指的应当是用审美活动教育人，尤其要重视用人伦景观之美来陶冶人的道德情操，培养高尚完美的人格。因而，我们的道德教育方法，不应当仅仅是灌输的，而更应当是审美的。这一点应当引起足够的重视，否则"说的是一套，做的却是另一套"的老套老是翻版。在道德养成之中，只能坚持单一道德标准，绝不能奉行双重道德标准，对别人一套，对自己则是另一套。否则，培养职业道德习惯的最终任务就难以完成，达到一定职业道德境界的目的就难以实现。

据此，我们有如下四种进行职业道德教育（当然也是一般道德教育）的有效方法。

道德灌输

从业者对于现代职业道德需要认知，因此我们可以用传授知识的教学方法进行职业道德教育，这也可以称为职业道德灌输。因为理论知识不可能自发产生，所以信息必须输入。职业道德理论教学的方法与一般的教学方式并无什么不同，区别的仅仅是内容的差异。职业道德认知至少应当包括如下四个方面：其一，马克思主义道德观。使从业人员对现代伦理学有一个简约的、明晰的认识，形成现代的道德观念。其二，社会主义职业道德。使从业人员对现代职业道德的基本原则、基本规范，以及第一产业、第二产业、第三产业各自的职业道德的特点有所认识。并且在学校道德、学校家道德和职业道德的不同方面有明晰的理解，对典型的岗位职务中的具体表现形式有所了解。其三，职业生活中的美学原则。使从业者不仅要从认知的角度，而且要从审美的角度理解能力和人格的完善，以便克服单纯认知以求完善道德人格的片面性。其四，职业道德建设。使从业人员知道职业道德建设的正确方法，懂得正确地进行自我道德修养和参与职业道德建设。

道德熏陶

人的道德行为受人的理智的影响，但更直接受人的情感的影响。没有完善的关于职业道德的审美心理结构。人对职业生活中的美德就不会有强烈的感情，道德习惯就难于养成。因此，人们需要通过审美活动来完善自己的关于职业道德的审美心理结构，由于我们的目的更在于职业道德的审美能力的培养，而不是一般审美能力的培养。"寓教于乐"不宜笼统地理解为参加文艺活动和欣赏自然美景以陶冶情操，而更应当集中于下列三个方面：

①有针对性的文艺欣赏。例如，有职业道德内涵的文学作品、电影、电视的欣赏，这能起一定的感染作用。我国的有社会责任感的文艺家，

应当具有高尚的人格，不为铜臭所折服，不为西方的弱肉强食、强权掠杀的野蛮"文化"所左右，坚持中华优秀文化的传续和发扬。

②职业生活中人伦景观的审美。由于职业生活中不断涌现良好的职业道德范例，这些从业者的美的行为激励了其他从业人员与顾客的美好的情感，从而产生情景交融的人文景观，从业者在这种环境中通过对这种美好情景的欣赏，能内化为个体的审美尺度，从而完善其审美心理结构。这种道德熏陶在道德教育中应当作为重要的手段。自古有"近朱者赤，近墨者黑"的说法。培养职业道德风尚，用榜样的力量进行感化是有效的方法，但必须注重榜样自然形成和情真意切的感人力量，切不可用"大树特树"和弄虚作假的手段破坏了它的感人的力量而使这种方法失效。领导者人格的力量是强大的，他们的高尚品格将感染下属。反之，在道德上采用双重标准，要求别人高尚，而自己却卑劣，将造成道德败坏。

③迪扎因设计造成潜移默化的影响。现代技术美术设计，又称迪扎因设计，把人与自然，人与社会的和谐统一融进产品、生产环境、生活环境等的设计当中去，使人在接触产品，在环境中劳动与生活的过程中受到美的熏陶，形成和谐统一的审美心理结构，以致影响到人际关系中和谐之美的出现。这尤其对生产活动、经营活动中人与人之间关系的和谐有重大的影响。因此，职业环境的美化也是职业道德熏陶的重要手段之一。

道德约束

从业人员职业道德习惯的养成，依赖于从业人员职业生活中道德行为的反复出现，从而形成一种习惯。而职业生活中从业人员这种道德行为最初的出现尚未有习惯，因此只能依靠职业道德规范的约束，包括外来的舆论、纪律等他律性，以及自身的道德信念等自律性的约束，才能最终形成职业道德习惯。道德教育不仅通过认知和情感培养使从业人员能实行道德自律，而且必须采取外部约束的措施，以促使道德习惯加速养成。

道德修养

从道德认知、情感培养一直到道德习惯养成，从业人员逐步向达到一定的道德境界的目标发展。而从业人员职业道德的心理结构的建构和完善，需要通过他们自身的修养活动才能最终完成。职业道德修养的核心是通过反思对自身的职业生活中的行为所进行的审美评判，从而自我调整有关职业道德的内在心理结构，达到自我完善的目的。因此，修养的过程正如孔子所主张的由学、思、行三个环节互相配合来完成。从业者通过学义理，仿效他人的道德行为，以自身的行动去实践这种美德，并且以对自身行为的反思来加以自我调整。这种职业道德修养过程是达到高尚的职业道德境界所必不可少的过程。

总之，借助职业道德的灌输、熏陶、约束和修养四种方式，交替使用认知的和审美的两种手段，构成有效的职业道德教育过程，能比较好地完成职业道德教育的任务，达到它的最终目的。

7. 实施职业道德教育有哪些措施

提高认识，统一思想

建设物质文明关键在党，建设精神文明关键也在党。各级工会要在同级党委的领导和行政的支持下，建立职业道德建设领导机构和领导责任制。要把加强职业道德建设作为工会推进精神文明建设的"重点工程"，贯彻到工会各项工作和活动中去。主要领导要层层落实，各级领导要深入基层亲自调查研究，加强面对面的指导，帮助教师群众解决具体问题。要把抓职业道德建设的实绩和本领作为考核、任免、奖惩工会领导班子及主要领导干部的一条重要标准和基本依据。

大力宣传职业道德先进典型

在改革开放和现代化建设中,各行各业涌现出了一大批爱岗敬业、无私奉献的职业道德先进模范人物。他们在平凡的工作岗位上做出了不平凡的业绩,发挥着先锋模范作用,受到了人民群众广泛的尊重和爱戴。宣扬典型,弘扬正气,用先进人物的高尚道德情操和敬业精神去影响带动广大群众。

以"窗口"行业为突破口

"窗口"行业职业道德状况如何是社会风气的晴雨表,对社会风气的改善,产生巨大的影响。因此,大力加强"窗口"行业的职业道德建设,对于转变全社会的风气起关键的作用,对促进社会风气的好转具有很大的效应。

与社会公德、家庭美德教育相结合

职业道德、社会公德和家庭美德是社会主义道德的三个重要组成部分。三者之间相互联系,相互促进,形成一个有机整体。只有三个方面的建设都抓好了,才能全面提高教师的思想道德素质。

开展灵活多样的活动

工会抓职业道德教育具有很多优势。工会有健全的组织,有工人文化宫、俱乐部、学校等文化教育阵地,有报刊、杂志、电教中心等新闻宣传手段。工会应该充分运用这些设施,开展丰富多彩的活动,把职业道德教育做得生动活泼、有声有色。

职业道德教育是一项长期而又艰巨的任务。随着社会主义市场经济的发展,还会出现许多新情况和新问题,这就需要我们深入调查研究,不断探索解决这些新情况、新问题的途径和方法。

8. 怎样在学校中开展职业道德教育

要建设中国特色社会主义，就不能没有中国共产党的领导，正如党的十五大报告所要求的："建设好学校领导班子，发挥学校党组织的政治核心作用，坚持全心全意依靠工人阶级的方针。"依靠教师办学校，不仅是方法问题，更是政治问题。教师群众主人翁意识的强弱，关系到学校改革能否顺利进行，实现继续发展的大问题。因此，在教师中开展职业道德教育非常必要。

当代学校应把抓好教师职业道德教育活动作为精神文明建设的"重要工程"，要建立一套有效的组织领导责任制和运行机制从事职业道德教育、创建工作。

突出三个重点

市场经济是同社会主义基本制度结合在一起的，也是同社会主义精神文明建设结合在一起的。加强职业道德建设，对于改革、发展稳定，对于提高教师队伍整体素质有着十分重要的意义，基于这样的认识，在抓学习、抓教育过程中，我们首先应该突出领导干部的自身学习教育，把立党为公，尽职尽责，作为干部思想道德建设的核心，把教师满意不满意，教师答应不答应作为检验领导干部职业道德建设的标准，使学校领导干部的职业道德建设纳入教师民主评议和民主监督范畴之中。突出党员学习教育这个重点，发挥党员先锋模范作用，把职业道德教育同党员的"双学"结合起来，以党建促进职业道德建设。

把握三个层次

①加强形势任务教育。坚持用邓小平理论和江泽民"三个代表"重要思想统一教师队伍，强化中央精神和重要文件的学习，融会贯通。组织教师学习《什么是社会主义市场经济》《国有学校改革与发展知

识问答读本》，"三五"普法有关法律法规学习和组织答题；坚定教师正确的政治方向，增强锐意改革和自省自爱意识。

②深入进行职业道德教育。使教师熟悉和掌握社会主义职业道德的基本知识和本行业、本岗位的职业道德规范，培养教师良好的职业道德风尚，树立敬业、勤业、乐业精神，使爱岗敬业、无私奉献的职业道德成为教师的习惯行为。

③注重专业技术教育。让教师掌握精湛的专业技术和过硬的本领是职业道德建设的重要组成部分，举办管理人员岗位培训班、工人技能培训班、学历达标培训班、计算机应用培训班等，对职业进行全员培训，有效地提高教师业务技术水平，为建设一支特别能战斗的教师队伍打下坚实的基础。

9. 怎样在教师中进行职业道德教育

职业道德教育在社会主义道德教育的总体结构中有着不可忽视的特殊意义。只有通过职业道德教育这个环节，社会主义道德的一般要求才能具体化、现实化。职业道德作为行业行为规范，形成过程是靠人们自己内心信念和外部压力来自律建立起来的，既要有自身产生的正确思想信念的自律作用，也要有外界的影响力的他律作用。因此，职业道德教育应遵循其发展的一般规律，发挥自律和他律的作用，才能达到职业道德教育的目的。所以在工作中要注重以下几个方面的内容。

思想引路，教育先行

思想支配行动。人们的思想信念，主要受社会舆论和传统习惯的影响。教育可以培养人们的信念，在道德行为中形成自律。有教才有德，正确的思想必然来自正确的思想教育。在改革开放，发展社会主义市场经济和社会上各种思想文化相互激荡的大背景下，思想道德教育要有效地引导人们解决思想上的困惑和心态上的不平衡，首要的是用马克思列宁主义毛泽东思想，特别是邓小平建设有中国特色的社会主义理论武装、教育广大教师。结合实际，坚持思想引路，实施全过程教育，把思想教育始终贯穿于职业道德教育的整个过程，引导教师充分认清在市场经济条件下，应该把职业选择和职业理想同社会现实与社会需要结合起来，旗帜鲜明地倡导"为人民服务，对社会负责"的社会主义集体主义价值观，正确处理个人与集体、个人与社会、个人与国家之间的关系，树立正确的世界观、荣辱观和奉献观。

以法治德，规范管理

俗话说，没有规矩，不成方圆。需要有国家制定统一的法规和国家的强制力来规范道德行为，约束人们必须这样做，不能那样做，否则，就是超越规范，受到法律的惩罚，就不可能形成一个符合社会主义思想发展的职业道德。以法治德也是当前市场经济的最基本要求。教师处在这种体制的运转中，道德行为出现的偏差和不轨行为，就必须用法规来规范和修正，这是职业道德教育不可缺少的外部力量。

每一种职业都包含着各种各样的规则，其作用就在于为职业适应外部环境履行社会职能，并且为自我行为发展提供必要的服务和保证，是维护职业和岗位自我生存和发展的一种方式。所以，抓好职业道德规范的制定和落实是加强教师思想道德教育的重要环节。其规范管理的具体措施体现在：首先要强调主体参与的广泛性，教师群众既是职业道德规范的实践主体，又是认可主体。因此，要广泛发动教师群众参与规范的制订工作，集思广益，反复讨论，而后归纳提炼，加以确定，以保证规范有群众基础能具体操作。其次，要突出岗位特点的鲜明性，组织全体教师学习本岗位、本工种的职业道德规范，做到熟记规范用语，把握内涵要求。

典型示范、以文养德

树立典型、弘扬典型，发挥典型的示范激励作用。典型一经确定，就必须利用各种各样的形式和阵地进行多渠道、多层次、多角度地宣传推广，形成学习典型，赶超先进的氛围，以增加典型的影响力和生命力，真正做到树起一面旗帜，弘扬一群典型，建设一支队伍。一个优秀的行业文化观念，一旦被广大教师所认同应会产生巨大的推行动力，将有利于行业的协调和控制，发挥行业文化导向、激励、凝聚、规范和调节功能。以文养德也就是说通过优秀的文化，营造一个积极向上、和睦相处、自觉克服不良现象，为维护和提高行业信誉而竭尽全力的氛围，培养崇高的职业道德风尚。实践证明，文化建设对培养教师职业道德有极大的促进作用。总之，职业道德状况是社会风气的晴雨表，行风的好坏，不仅反映着本行业的自身形象和整体素质，而且对社会风气的改善产生着巨大的影响。常绿的生命之树，吸收着充足的雨露和阳光，灿烂的职业道德之花，植根于挚爱和深情的肥沃土壤。职业道德建设也将在社会经济的发展中迎来它的新的春天。

第三章

职业道德修养

1. 职业道德修养的涵义是什么

要准确领会职业道德修养的涵义，必须弄清什么叫道德修养。

对"修养"一词，人们曾有过多方面的解说。这些解说认为"修"是指"切磋琢磨"，有整治、提高之意；"养"是指"涵养熏陶"，有培育、长养之意。或者说"修"是指修正错误；"养"是指涵养性情。或者说"修"是指学习，如自修、修业；"养"是指教育。事实上，"修养"是一个含义广泛的概念，它主要是指人们通过自觉的勤奋学习和培育锻炼，以及长期努力后达到的一种能力或品质。

道德伦理学说或现实道德生活中"修养"一词，即所谓道德修养，则是一定的社会或是根据一定的道德原则和规范来改造自己、教育自己、锻炼自己的道德品质，提高自己道德境界的一种道德实践活动，以及在这一实践活动中所形成的道德情操和达到的道德境界。

显而易见，我们所谓的职业道德修养，是指个人在职业活动中自觉按照社会主义职业道德原则、规范和理想进行自我教育、自我改造和自我锻炼的过程，以及由此形成的职业道德境界。

职业道德修养的实质，是个人自觉接受职业道德教育，提高职业道德评价和职业道德选择能力，消除消极道德的影响，自觉按照社会主义职业道德的要求指导自己的思想行为。这一实质，是它与职业道德教育、职业道德训练相区别的特点，这种特点主要表现为：

①与职业道德教育、职业道德训练主体和对象彼此分离的特点相区别。职业道德修养的主体和对象是统一的，从业者个体是这种主体和对象的统一体，职业道德修养的重点就在于个人职业道德理想、职业道德品质、职业道德行为等方面的自觉修养。

②与职业道德教育、职业道德训练从外部进行教育、训练，带着灌输性、强制性特点。职业道德修养是从业者自觉主动的道德活动，是一种自我教育、自我陶冶、自我改造、自我锻炼的过程，具有主动自觉的特点。

③作为职业活动中的一种综合性、最深层次的活动，职业道德修养是一个认识和实践相统一的过程，具有特别强调社会实践的特点。这一特点有助于从业者在职业道德教育和训练的指导下，自觉改造、主动锻炼、反复认识、反复实践、不断追求、不断完善，形成较稳固的职业道德情操和职业道德概念，达到较高的职业道德境界。

2. 如何进行职业道德修养

在如何对待职业道德修养问题上，不少人存在着一些模糊的、错误的认识。有的人认为，职业道德问题只是小事——"小节无大碍"，平时工作中只要不违法乱纪，不出大错就行，无须在职业道德修养问题上花功夫；有的人认为现在的当务之急是学习科技、业务知识，提高技术水平、业务能力，创造经济效益，无暇顾及道德修养问题；也有的人认为社会不良风气难以扭转，如果讲道德就吃亏，不如放弃道德修养，以毒攻毒。这些认识，对于社会风气的根本好转，对于教师的自我改造、自我教育极为不利，已经成为阻碍社会主义事业发展的绊脚石，必须彻底清除。因此，充分认识职业道德修养的必要性，不仅是培养职业道德的首要环节，也是扫除一切思想障碍，努力提高从业者职业道德修养自觉性，促进社会主义事业全面健康发展的迫切需要。

进行职业道德修养，是从业者自我实现、自我完善的需要。

　　职业道德教育、职业道德训练只是形成从业者道德品质，完成自我实现的外在因素，个人的职业道德修养才是他们职业道德品质形成和提高的内在因素。职业道德修养既是将外在的职业道德要求转化为从业者内在的深刻信念，并将这种内在信念转化为实际的道德行为的必由之路，也是联结职业道德自我评价和个人对职业道德理想的追求，使之成为完善个人道德品质的积极的、能动的力量源泉。因此，职业道德修养，是广大从业者自我实现、自我完善、全面发展的客观尺度和必经之路。

　　进行职业道德修养，是改革开放新形势下培养造就合格的社会主义建设者和接班人，保证我们现代化事业的社会主义方向的实际需要。

　　社会职业道德水平的高低，取决于从业者能否加强职业道德修养及其所达到的道德境界、道德品质的高低。我国几千年的封建社会产生并保留下来的各种旧道德观念和习惯的残余，至今还影响人们；十年动乱所造成的严重的道德和社会风气的创伤至今尚未完全愈合；近年来，随着改革开放步伐的加快，国外资产阶级腐朽道德观念和生活方式不可避免地渗透进来，侵蚀着人们的思想。这些事实，要求从业者必须切实加强职业道德修养，清除自己身上存在的与社会主义职业道德要求相违背的道德内容和行为习惯，自觉抵制一切腐朽落后的道德观念的侵蚀。只有这样，才能使自己成为合格的社会主义建设者和接班人，保证我们所从事的改革和建设事业永不偏离社会主义方向。

3. 学校制度怎样与职业道德相协调

　　在许多人眼里，职业道德模糊且抽象，他们认为职业道德没有学校制度的约束，全凭个人的素养与操守。因此，亏空公款、产业间谍、私收回扣、假公济私等情况在学校时有发生，而学校对此却显得很无奈，不知道如何进行有效的预防控制。事实上，很多学校没有意识到自己一直以来常常用一种双重标准来对待职业道德，他们一方面在教师的诸多利益问题上采取欺骗的行为，另一方面却又要求教师具备良好的职业道德操守。那么，究竟该如何看待职业道德呢？

教师的职业道德是一个学校职员所必须遵循的业界普遍认同的职业规范。职业道德在内容上包括职业观念、情操、纪律、良心和作风等方面。它不是单纯意义上的个人道德问题，而是涉及社会、学校及个人等各方面的利益。许多大学校的倒闭或形象的损坏，往往是因为教师在职业道德上犯下了难以饶恕的行为。因此，恪守职业道德，提高个人的修养，不仅关乎于教师个人的职业声誉与生涯规划，而且关乎于学校形象的建立与维护。

关于职业道德对学校管理的深远影响以及与学校管理制度的关系，孔子有过精辟的论述。孔子曾说过："道之以政，齐之以刑，民免而无耻；道之以德，齐之以礼，有耻且格。"也就是说，用制度法令确保学校的运行，人们知道哪些事情可以做，哪些事情不可以做。但是制度一开始不是很完备的，所以人们可以钻制度法令的空子，做出不合乎道德而制度未明确规范的事情，这样人们就不会懂得廉耻。而如果以道德规范来约束人们的行为，教化人们的思想，让人们有羞耻之心，形成一种道德观念，当遇到不道德的事情时，人们就会有惭愧之心，会受到良心与社会舆论的谴责，在一定程度上防止违背道德的行为的发生。

由此可以得知，职业道德与学校制度之间是相辅相成的。学校制度作为强制性的章程，最低限度地规范教师的行为标准，是事后的、惩罚性的、消极的；职业道德作为精神上的舆论性的规范，最大限度地约束教师的行为底线，是事前的、自觉的、积极的。两者相互补充，对学校的经营起着重要的作用。

但在现实中，许多学校都只注重了学校制度的建立健全，而忽视了对学校道德氛围的营造。即使在学校文化做得相当好的学校中，也只是单调地宣传"忠诚""真诚""尊重"，对学校教师职业道德方面的宣传与推动所采取的措施却是微乎其微。

作为个体，学校教师不是圣人，当许多个人需求没得到满足，而面前却充满着种种的诱惑，社会也存在倾向于金钱、功利、个人利益等价值的取向，传统上的道义、奉献、集体利益、重德等观念的地位在下降，谁能保证在每个欲望面前都不犹豫动摇，谁能保证能在形形色色的牵引下不迷失方向？因此，把职业道德的建造与维护寄托于教师个体的身上，寄希望于他们自身高尚的道德和良好的个人操守上，似乎是遥不可及的。

作为学校方，当然希望学校教师能同心同德，乐于奉献，不做损害学校的行为，然而很多学校却没有考量过，在对待教师方面，学校是不是合乎了社会道德。现实中有许多学校没有深刻认识到这一点，常常用这样一种双重标准来对待职业道德。一方面，在教师的诸多利益问题上采取欺骗的行为，另一方面，又要求教师具备良好的职业道德操守。因此，学校希望教师能尽职尽责，却在个人激励与个人需求等方面未给予关心和重视，未在教师开展工作时，给予及时的关怀与支援，忽视了教师的个性与社会性；而当其不得不向公司提请辞职时，学校便摆出一副老道学的样子道貌岸然地指责其没有职业道德。长此以往，教师会对管理者感到失望，对学校失去信心。因此，在教师职业道德氛围的营造上，学校方应该采取主动的方式，从内而外地以自身的实际行动为教师提供一个良好的道德环境，倡导优秀的道德行为，并将其融入学校文化中。

4. 如何营造职业道德氛围

职业道德需要社会、学校、教师三方面的共同努力去建构、营造和维护。它不仅需要社会形成一种职业道德的共识，需要学校方管理层的重视和不遗余力的努力，需要有条不紊的沟通、宣传、疏导，还需要教师个体充分意识到职业道德的真实意义所在。在职业道德的建构营造上，三方各自承担其不同的角色与责任。

社会形成共识

职业道德共识的形成，需要社会各界的积极参与。社会主张什么，反对什么，对职业道德的形成具有很深的影响。职业道德在内容和形式上不是一成不变的，需要从实践中不断吸取丰富的养料。作为职业道德的第三方，社会方对教师职业道德的评价的客观可信度较大。因此，社会与行业必须建立有效的道德监督机制和行业准入机制。道德监督机制需要社会各方的共同参与，对行业从业者的道德行为进行记录。而行业准入机制则在道德监督机制的基础上，依凭职业道德行为记录，对其进行奖惩。有效的监督机制和准入机制是一个行业走向职业化、抑制不道德行为发生的重要保证。

职业化在我国起步较晚，虽然各方都意识到了职业道德的重要性，但在现实中，追求经济发展仍放在优先首要的地位，职业道德水平还很低。然而，这并不意味着我们不需要职业道德，也不是说要等经济发展好了，有钱了才讲职业道德。温饱是人类生存的保证，不是道德产生的条件。学校在现实中的"假冒伪劣"行为、教师在工作中的"窃骗敲诈"行为都显示出构建学校道德与职业道德规范的紧迫性。

学校营造氛围

学校是一个小型社会，教师与教师之间，管理者与被管理者之

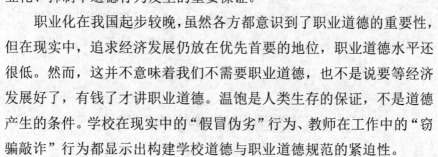

间对同一事物的认识存在着不同的差异。为了营造良好的职业道德文化氛围，事先学习沟通尤为必要。学校应通过培训提高教师对职业道德的认知度，达成共识，增强教师工作的自觉性和凝聚力。

职业道德作为学校文化的组成部分，对它的宣传导向应是学校文化的重点工作之一。学校可以采取多种方式（如在例会上进行讨论，建立学校道德风气委员会，在刊物上进行宣传）进行沟通宣传。对优秀个人予以表彰，对不符合道德规范的行为进行批评，并提出学校自身的道德要求，倡导优良的道德行为，建立有效的激励机制促使教师不断地提高自身的职业素养。学校还应该反省自身的行为，纠正不对的做法，不断完善学校的各项制度，努力使学校迈向人性化，为社区和教师树立起典范。

教师提高修养

作为职业人员，我们应该充分认识到职业道德的重要性，努力使自身的行为符合职业要求，对得起自己的良心。我们应该从那些名誉扫地、众叛亲离的人身上吸取教训，深刻体会违背职业道德会有什么样的后果，会付出什么样的代价，是如何为社会与学校所不容，时刻提醒自己，避免做出不符合职业道德的事情。职业道德不仅仅是从事某个职业的要求，也是为人处世的基本，是个体人格的体现。无私的团队精神、认真而忠于职守、谦虚大度而不乏热情等素养不仅能让教师在工作中如鱼得水、游刃有余，还会形成一种无穷的人格魅力让人赞赏不已。

5. 如何达到职业道德修养的目标

职业道德修养的目标反映着从业者自我教育、自我改造的要求和追求，预示着职业道德修养的方向和结果。职业道德修养的任务受其目标决定和支配,从业者认真完成这些任务是达到修养目标的基础。明确职业道德修养的目标和任务,是进行职业道德修养的首要问题,有利于保证职业道德修养的正确方向,有利于从业者科学地选择和确定职业道德修养的内容、方法和途径,确保他们顺利地自我实现、自我完善,以免误入歧途。

职业道德修养的根本目标,在于从业者自觉养成高尚的职业道德品质,进而提高整个社会的道德水平。为此,从业者必须把培养高尚的职业道德品质,提高自身职业道德境界作为根本任务,踏踏实实地抓紧抓好。

职业道德修养目标和任务的确定,受一定的社会经济、科技和文化等发展水平和从业者自身条件的支配,必须服从和服务于社会发展和从业者个体职业道德充分发展的需要。因而,职业道德修养的目标和任务随着时代的不同而发生变化。

我国目前处于社会主义初级阶段,从业者职业道德修养的总目标,是努力把自己培养成符合社会主义事业建设和发展需要的有理想、有道德、有文化、有纪律的建设者和接班人,为人类社会最终过渡到共产主义而努力奋斗。

6. 怎样施行职业道德修养任务

为实现职业道德修养的目标,从业者进行职业道德修养的根本任务在于逐步养成社会主义职业道德品质,发扬大公无私、先公后私的精神,克服自私自利的思想,在职业活动中贯彻全心全意为人民服务的职业道德原则和规范,达到社会主义的职业道德境界。这一任务的具体内容表现为:

（1）认真学习、实践和体验社会主义道德和共产主义道德原则、规范，逐步形成较为稳定、鲜明的社会主义道德观念，丰富社会主义和共产主义职业道德情感，确立共产主义职业道德理想，培养社会主义和共产主义职业道德行为和习惯，按照社会主义和共产主义职业道德原则和规范的要求调节自己的行为，提高自己的社会主义和共产主义职业道德水平。

（2）自觉摒弃和清除旧的腐朽落后的职业道德观念，自觉抵制资本主义思想和资产阶级生活方式的侵蚀；坚持从社会和集体的整体利益出发，发扬社会主义主人翁精神；充分发挥自己的主动性和创造性，不断进行自我完善。

（3）逐步养成良好的社会主义职业道德品质，以自己的实际行动和不懈努力，为形成强大的社会主义职业道德舆论和职业道德风尚做出贡献，促进社会主义精神文明和物质文明建设。

（4）坚定全心全意为人民服务的观念，牢固树立崇高的共产主义职业道德理想，不断追求、不断进步，努力提升共产主义职业道德境界。

7. 如何理解职业道德修养责任

社会主义职业道德修养主要是指劳动者在职业道德意识、职业道德行为和职业道德品质方面的自我教育、自我修养，具体而言，其内容主要包括职业道德认识的修养、职业道德情感的修养、职业道德意志的修养和职业道德行为的修养。社会主义劳动者通过上述四个方面的修养，把社会主义的职业道德原则、规范，自觉转化为自身的职业道德行为习惯，形成社会主义职业道德品质，达到社会主义和共产主义职业道德境界。

8. 怎样提高职业道德认识修养

职业道德认识的修养，主要是指从业者正确认识社会主义职业道德关系，充分认识社会主义职业道德价值，认真学习、深刻领会并准确掌握社会主义职业道德理论、原则和规范等基本知识，逐步形成社会主义职业道德观念，努力提高社会主义职业道德自我评价能力和职业道德行为选择能力。

职业道德认识的养成是职业道德情感产生的依据，是进行职业道德意志锻炼的内在动力，是决定职业道德行为倾向的思想基础。事实证明，在职业活动中，有些人之所以作出违反职业道德的不良行为，甚至走上违法犯罪的道路，是因为缺乏社会主义职业道德的基本常识，不知道什么是符合职业道德的行为，什么是不道德的职业行为，或者认识模糊，分不清是非界限，缺乏起码的职业道德选择能力。

在职业道德认识修养过程中，只有认真学习、深刻理解社会主义职业道德理论、原则和规范，并把这些理论、原则和规范自觉转化为明确的坚定的职业道德观念，才能正确认识社会主义社会人与人之间的职业道德关系，在职业道德行为选择中自觉接受社会主义职业道德理论、原则和规范的指导，进而形成社会主义和共产主义的职业道德品质。

职业道德观念的形成，是一个由浅入深、由简单到复杂、由感性上升到理性的发展过程。要加强道德认识修养，提高道德认识水平，首先要从对社会主义职业道德理论、原则和规范的基本知识的学习入手，切实掌握明辨好坏、善恶、美丑的理论武器，同时，切实重视加深对社会主义职业道德原则和规范的认识理解，把理论学习与职业道德实践紧密结合起来，在具体的职业道德活动中实践职业道德理论、原则和规范，并以此促进职业道德认识水平的提高，促进职业道德评价、选择能力的提高，确保自己在实际的职业生活中分清好坏、美丑、善恶。

需要强调的是，在学习和实践社会主义职业道德理论、原则和规范，提高社会主义职业道德认识的过程中，必须认真学习马克思列宁主义、毛泽东思想、邓小平理论和江泽民"三个代表"的重要思想，自觉接受这些理论指导自己的实践。这是我们提高职业道德认识水平，做好职业道德认识修养的最重要的保证。

9. 职业道德情感修养包括哪些内容

职业道德情感是从业者在职业活动中，依据一定的职业道德观念，在处理职业道德关系、评价职业道德行为时所产生和确立起来的内心情绪体验。它伴随着人们的职业道德认识而产生和发展，是道德认识的具体表现，如人们通常对高尚的职业道德行为产生敬仰和喜爱的情绪，对违反职业道德的行为产生愤怒和憎恶之情。职业道德情感的修养包括正义感、责任感、良心感、荣誉感的自我激发和培养。

正义感

职业正义感，是一种基本的高尚的职业道德情感。它要求人们以公正、平等的态度来处理人与人之间的职业道德关系，维护国家、集体和人民群众的合法权益，维护社会主义的法纪。从业者激发培养、丰富发展自己的正义感，就能坚持公正，反对偏私，敢于坚持原则，同一切危害国家、集体和他人利益的言行作斗争，能够仗义执言、见义勇为、疾恶如仇、刚正不阿。从业者在职业道德实践中应当勇于同一切不公正的社会现象作不懈的斗争，自觉抵制各种不正之风，维护自己和职业服务对象的正当权益，自觉地激发并培养这种高尚的职业道德情感。

责任感

职业责任感，是从业者在职业道德活动中形成的对于他人或对于社会应负什么责任、应尽什么义务的一种内心体验和道德情感。它既是职业道德行为的出发点，也是激励人们实现某种职业道德目标的动力。责任感是职业责任心和职业义务感的统一，它具体表现为一定的职业义务感。同时，责任、义务和权利也是一致的，当从业者认为某种职业行为合乎职业道德权利时（包括对于社会上某些不道德职业行为的批评指责），实际上也就是他认为这样做是自己应承担的责任或应尽的义务。自觉培养社会主义职业道德责任感或义务感，充分认识自己的职业道德责任和义务，是社会主义职业劳动者做好本职工作的前提。因为只有具备了这种职业道德责任感、义务感，从业者才能在职业活动中努力工作、恪尽职守。

良心感

职业良心感是职业道德内心信念的具体体现，和社会舆论共同起着维护职业道德风尚的重要作用。职业良心感，是从业者对自己的职业道德行为、对自己同他人和社会的职业道德关系所负责任的自觉意识和相应的自我评价能力，是一种对自己职业行为是非、善恶的内心体验。职业道德良心感是责任感或义务感的发展，并与职业道德行为的选择和职业道德实践紧密相连。从业者受到良心的鼓励，就会积极地从事合乎职业道德的实践，产生道德的职业行为；从业者受到良心的谴责，就可能对已经做出的一些不合乎职业道德的职业行为认真悔改、严肃反思。尤其是在各种利益矛盾尖锐的情况下，职业道德良心感能促使从业者正确选择职业道德行为，纠正不良动机，自觉遵守职业道德规范。特别是在无人监督或别人无法干预、社会舆论难以发挥作用的场合，职业道德良心感的自我监督、自我评价作用就显得更为重要。

荣誉感

职业荣誉感，是从业者自觉承担职业道德责任，履行职业道德义务后，对社会给予的肯定评价和褒奖赞扬所感到的由衷喜悦和自豪。荣誉感产生的直接原因在于社会对从业者个人或集体的肯定评价或褒奖选择。而这种肯定评价、褒奖选择的获得，必须以从业者在职业实践中主动承担职业道德职责，自觉地履行职业道德义务，所作出的职业行为对他人或社会有益为前提和出发点。因此，荣誉感的获得，是从业者履行职业道德义务的结果。从业者进行职业道德荣誉感修养，一是要防止把获取荣誉作为个人欲望和目的，注意克服沽名钓誉的虚荣心，坚持以兢兢业业、勤勤恳恳的踏实肯干来争取荣誉；二是要将个人荣誉和集体荣誉紧密配合起来，将集体荣誉置于个人荣誉之上，以集体的荣誉为荣，并注意依靠集体的支持来获得荣誉。

职业道德情感的修养是社会主义职业劳动者进行职业道德修养的重要内容。加强职业道德情感的修养，对于协调社会主义职业道德关系，营造良好的职业道德气氛，促使从业者自觉遵守社会主义职业道德规范，履行职业道德义务，养成高尚的社会主义和共产主义职业道德品质，具有十分重要的意义。

10. 如何加强职业道德意志的修养

职业道德意志，是从业者在履行职业道德责任义务过程中所表现出来的克服困难和障碍的力量和毅力。它是职业道德行为持之以恒的重要精神力量，也是道德观内化并形成良好道德品质的重要因素。

一方面，它表现在从业者的道德意识活动中，职业道德动机经常能够战胜非道德动机；另一方面，这种力量和毅力的表现，在于它能使从业者排除内外障碍，坚决执行由职业道德动机所引出的行为决定。

是否具备坚强的职业道德意志是衡量从业者职业道德素质高低的重要条件。社会主义职业劳动者在履行职业责任时必然会遇到各种困难和阻碍，没有坚强的意志，就会在这些困难和阻碍面前畏缩不前。同时，履行职业道德义务的过程，本身就包含着对个人利益的牺牲及对他人、对社会的奉献，如果没有坚强的意志，必然会导致职业道德行为的半途而废。

从业者加强职业道德意志的修养，应自觉地、勇敢地接受各种困难和阻碍的锻炼和考验，学会在职业道德行为实践中磨炼自己，自觉培养为他人和社会奉献的精神，锻炼自己克服困难、排除障碍的坚强意志和能力。尤其是在激烈的利益冲突面前，要果断地、义无反顾地作出正确的职业道德选择，努力实现自己职业行为的道德价值。

社会主义职业劳动者要充分认识到职业道德意志的锻炼和培养，是职业道德认识和情感转变为职业道德行为的重要环节，认识职业道德意志修养在形成优秀职业道德素质中具有重要作用。要切实加强职业道德意志的修养，努力养成高尚的社会主义、共产主义职业道德品质，自觉克服和抵制社会主义市场经济条件下，加快发展、深化改革、扩大开放过程中各种腐朽思想、不良风气的侵蚀，保持高风亮节。

11. 如何加强职业道德行为的修养

职业道德行为，是指从业者在一定的职业道德认识、情感、意志支配下所采取的自觉行为。它是衡量从业者职业道德水平高低、职业道德品质好坏的客观标志。衡量一个从业者是否具备高尚的职业道德品质，关键在于他是否能自觉地把职业道德原则和规范贯彻落实到自己职业道德实践中去，是否能做到知行统一、言行一致。

加强职业道德行为修养的基本途径，就是从业者自觉地把自己的道德认识和道德情感转化为坚强的道德意志，并在这种意志的支配下，始终如一地实践职业道德行为，保持高度的自觉性，逐步形成良好的职业道德习惯。

职业道德行为的修养，还必须与职业技能的培养紧密结合。只有具备了良好的职业技能，从业者正确的职业道德认识、高尚的职业道德情感、坚强的职业道德意志才能有用武之地，才能转化为具体的职业道德行为，并使这种行为得到充分展现，取得良好效果，达到理想目标。如果仅仅具有履行职业道德责任、义务，执行职业道德原则、规范的良好愿望，而缺乏必要的职业技能去实现这一愿望，职业道德的履行就成了一句空话。不难想象，一个医生如果没有精湛的医术，无论他有多么远大的职业理想，都不可能担负起救死扶伤的重任；一个教育工作者，如果没有丰富的专业文化知识，没有一定的教育工作经验和技能，对基本的教育规律一窍不通，即使他有强烈的教书育人的良好愿望，也不可能担负起教书育人的重任。

职业道德行为的养成，必须依靠从业者自觉自愿，踏踏实实的努力，离不开职业技能的培养与提高。从业者应把职业道德行为的修养，作为自己进行职业道德修养最重要和最基本的内容，切实抓紧抓好，丝毫放松不得。

从业者进行职业道德修养，应充分认识上述内容相互联系、相互制约的关系，把他们有机地结合起来。只有这样，才能养成良好的社会主义和共产主义职业道德品质，达到高尚的职业道德境界。

12．怎样加强职业道德修养

道德修养之所以能够培养和提高人们的道德品质，是因为它不是单纯的内心体验，而是它使人们在改造客观世界的斗争中改造自己的主观世界。进行社会主义职业道德修养必须接受这一基本理论的指导，克服一切旧道德修养方法中脱离社会实践，片面讲个人"修身""养性"的唯心主义和形而上学的致命弱点，切实把职业道德修养建立在职业道德实践的基础上。因此，社会主义职业道德修养的途径与方法，要求从业者在自己的职业工作实践中自觉加强自身的职业道德修养，把这种修养作为自身思想建设的主要内容，以积极参与社会道德建设为己任，少议论，多行动，从自己做起，从现在做起，共同营造人人讲道德的氛围，共同形成社会主义道德建设的强大合力，推动社会主义精神文明建设不断向新的高度发展。

提高职业道德认识，是职业道德修养的前提条件。

理论是行动的向导，缺乏理论指导的行动必然是盲目的。职业道德修养是一种理智的、自觉的活动，它不仅需要科学的世界观为指导，也需要科学文化知识和职业道德理论为基础。因此，认真学习马克思主义、科学文化知识和职业道德基本理论，努力提高职业道德认识，是搞好社会主义职业道德修养的重要前提和必经途径。

马克思主义是无产阶级科学世界观和方法论的理论体系，是人们改造世界的强大思想武器。马克思主义哲学关于一切从实际出发、实事求是、矛盾分析法、归纳与演绎、分析与综合等思维原则和思维方法的科学阐述，更为我们建设、发展和不断完善社会主义职业道德提供了根本的思想路线和思维方法。

科学文化知识是关于自然、社会和思维发展规律的概括和总结。它对于从业者优秀职业道德品质和高尚职业道德风貌的形成有着不容忽视的作用。学习科学文化知识，有助于我们提高职业道德选择和评价能力，提高职业道德修养的自觉性；有助于我们形成科学的职业道德观、人生观和价值观，从而全面地、科学地、深刻地认识社会，正确处理社会主义职业道德关系。

坚持理论联系实践，做到知行统一，是职业道德修养的根本途径。

任何道德理论和道德认识，都源于一定的道德实践，并只能在道德实践中得到检验和发展，而它存在的唯一目的，就是为了在一定的社会活动中加以实践和应用。离开实践，道德的理论、认识乃至整个道德本身，就成了无本之木，无源之水，也必然毫无存在价值。

从业者坚持理论联系实际的修养方法，首先必须积极实践，勇于实践和反复实践，在实践中学习掌握职业道德理论和知识，并认真加以体会、消化，形成正确的职业道德理论和知识，转化为高尚的社会主义职业道德品质。其次必须切实提高在职业实践中进行职业道德修养的自觉性，积极地在改造客观世界的实践活动中，努力改造自己的主观世界。通过无产阶级的道德观同非无产阶级的腐朽落后的道德观的斗争，锻炼自己的社会主义道德和共产主义职业道德品质，自觉地进行自我改造、自我提高。再次，坚持把职业实践作为检验自己职业道德修养的唯一标准。自觉地通过职业实践、社会实践来检查发现自己职业道德认识中的错误、职业道德品质上的不足，从而自觉主动地克服和改正一切不道德的思想和行为。最后，充分认识职业道德知与行相统一的特点，认真贯彻职业道德修养理论和实践相结合、言行一致原则，身体力行，努力把社会主义职业道德的原则和规范运用到自己的职业实践活动中去，以正确的职业道德认识指导自己的生活、思想和工作，真正做到知行统一。

从业者要坚持理论联系实际，做到知行统一的职业道德修养方法，还应充分理解"活到老，学到老，改造到老"的生活真谛，在自己的职业实践中坚持不懈地、长期地进行自我锻炼和改造。这是因为职业道德水平的提高和职业道德的完善，绝对不是一朝一夕的功夫，而是一个由道德到道德实践的不断反复和长期曲折的过程，一个不断认识和不断实践的过程。从业者只有正确地认识自我，不断地在实践中进行刻苦、认真的锻炼和改造，才能搞好自身的职业道德修养。

社会主义劳动者的职业道德修养，是按照社会主义和共产主义职业道德原则和规范所进行的内心的自我解剖与反省，它并不依靠别人的强迫来进行，而是一种完全自觉自愿的自我教育活动。这是我们提高精神境界，力求做到"慎独"的根本原因。从业者要想在自己的职业道德实践活动中，在无人监督的情况下自觉地进行反省，引导自己的实践与锻炼，自觉地做到"慎独"，就要依靠个人的自觉性，磨炼自己的职业道德意识，净化自己的心灵，提高自己的职业道德境界。

随着改革开放、社会主义现代化建设的深入发展，伦理道德和社会风尚问题日益突出地提到我们面前。适应市场经济要求，构建和弘扬既反映中华优秀传统文化，又体现现代文明的社会主义职业道德体系和职业道德规范，加强社会主义职业道德建设，是我国社会主义精神文明建设的一个重要方面，也是建设社会主义物质文明的迫切需要。社会主义职业劳动者应充分认识职业道德建设在两个文明建设中的重要地位，积极参与新的历史时期社会主义新型职业道德建设，不断探索社会主义职业道德修养的新内容、新途径、新方法，努力提高自己的职业道德修养水平，真正把自己培养造就成为合格的社会主义事业建设者和接班人。

13. 当代教师加强道德修养的重要性

近年来，随着群众性精神文明建设活动的广泛开展，学校教师道德素质不断提高，为促进学校改革发展、推动国家现代化建设做出了重要贡献。但是，由于学校过去缺乏系统的道德教育，加上受社会上一些不正之风的影响，在教师道德素质的养成上仍然存在着不容忽视的问题。为了适应社会主义市场经济的快速发展，适应我国加入世界贸易组织后对教师思想道德素质和科学文化素质的更高要求，加强道德修养已成为当前广大学校教师的一项紧迫任务。

（1）加强道德修养是提高学校教师队伍素质的内在要求。当今世界，国际竞争日趋激烈，我们面临着严峻的挑战。一个国家和民族的发展，不仅取决于经济的发展，而且取决于人民的基本素质。民族生存的竞争，是以经济和科技实力为基础的综合国力的竞争，从某种意义上说，这也是学校实力的较量，是产业大军素质之战。在改革开放和社会主义现代化建设的伟大进程中，学校教师开拓进取，团结奋斗，为推进社会主义物质文明和精神文明建设，做出了新的重大贡献。伟大的时代，伟大的事业，对学校教师提出了新的、更高的要求。广大学校教师要以高度的政治责任感和主人翁精神，按照"四有"标准和《公民道德建设实施纲要》提出的要求，努力加强自身道德修养，大力弘扬为人民服务思想和集体主义精神，爱祖国、爱人民、爱劳动、爱科学、爱社会主义，自觉遵守社会公德、职业道德、家庭美德，不断提高自身素质，在建设有中国特色社会主义伟大事业中发挥好主力军的作用，更好地承担起历史赋予的重任。

（2）加强学校教师道德修养是树立行业新风的重要措施。树立行业新风，对于改变社会风气，促进社会主义市场经济健康发展，具有特殊的重要作用。当前，社会上一些不良风气的突出表现实际上就是各种行业不正之风。这种行业不正之风长期盛行，将会造成经济无序、腐败严重、社会不稳的后果。面对这种现象，应该引起高度的重视，必须纠正行业不正之风，树立行业新风。树立行业新风需要采取多方面的措施，其中重要的一点，就是大力加强学校教师道德修养。如果广大学校教师都能爱岗敬业、诚实守信、办事公道、服务群众、不谋私利、奉献社会，那么必将对树立行业新风、推动整个社会风气的根本性好转产生巨大的作用。

14. 当代教师进行职业道德修养的内容

当代教师进行职业道德修养要注意以下几方面：

（1）要加强革命理论的学习。广大学校教师要努力学习马克思列宁主义、毛泽东思想、邓小平理论关于社会主义道德的论述，加深对社会主义道德的认识，提高加强社会主义道德修养的自觉性。通过学习，不断确立建设有中国特色社会主义的思想观念和道德观念，使自己懂得什么是对的，什么是错的，什么是可以做的，什么是不应该做的，什么是必须提倡的，什么是应当坚决反对的。

（2）要积极参与群众性的公民道德实践活动。参与群众性的公民道德实践活动，是新形势下加强教师道德修养的重要途径。每个学校教师既是道德建设过程的参与者，也是道德建设成果的受益者，在群众性精神文明创建活动的参与中，将使思想感情得到熏陶，精神生活得到充实，道德境界得到升华。

（3）要积极参与各种健康向上的宣传、文化活动。大众传媒和文学艺术对传播先进文化、加强道德修养有着特殊的作用。学校教师在参与健康向上的宣传文化活动中，可以激励自己积极向上、追求真善美的意识，帮助自己辨别是非，抵制假恶丑，塑造美好的心灵。参与健康向上的宣传文化活动主要有以下几种途径：一是积极收听和收看广播、电视，阅读健康向上的书籍和报刊，不断提高思想道德水平和科学文化素质；二是积极参与各种文化活动，丰富业余文化生活，培养高雅健康的审美情趣；三是积极参与学法、用法活动，培养文明行为，增强法制观念和依法办事、遵纪守法的自觉性。

15. 不良道德倾向的表现和引发原因

不良职业道德的主要表现

（1）价值观念发生错位。在职业道德领域表现为拜金主义盛行，享乐主义、极端个人主义抬头，权力部门的青年不同程度地存在着"冷、硬、顶、推、托、吃、拿、卡、要、报""不给好处不办事、给好处乱办事"的不正之风以及衙门作风。

（2）价值趋向比较庸俗。在职业道德上，表现为部分人认为市场竞争就是金钱、利益的竞争，对"靠山吃山""靠水吃水"等不道德现象见怪不怪，特别是有人表示个人"拿多少钱、干多少事"，还有人认为"只要赚钱，可以不讲原则和手段"，将人际关系庸俗化为赤裸裸的金钱关系。

（3）道德评判出现偏差。表现在职业道德上，评判是非的标准模糊，对那些靠钻政策空子而一夜暴富的人，一些人佩服得五体投地。

（4）社会道德心里失衡。表现在职业道德领域是部分教师对主人翁地位出现失落感，认为自己是雇工，没了地位，少了保障，还谈什么职业道德。在思想观念上，淡化了集体观念，忘掉了集体利益，导致了职业道德的倒退。

导致不良职业道德的主要原因

新旧体制的交替和新旧矛盾的冲突，加上人们对社会主义市场经济还缺乏全面正确的认识，片面强调物质利益，忽视精神文明建设，其中虽有体制转换过程中道德规范尚未成型带来的影响，但更主要的是道德思想混乱和道德信义动摇而造成的。归纳起来，有以下几个方面：

（1）在新旧体制转换过程中，对利益关系的重组不能正确看待，导致了人民思想道德观念的混乱。改革开放使原有道德观受到冲击，而新的道德观还未完全形成，但这时产生出许多反传统的似是而非的道德信条。例如，表现在职业道德领域的拜金主义，一切向"钱"看，有权不用过期作废，等等。在错误的义利观引导下，过去一些受到批判的人生观、道德观死灰复燃，如个人主义、利己主义等，把本来只是经济领域应用的原则，如等价交换，扩大到政治领域和社会生活领域，使人们的道德观念变得混乱不清，表现在职业道德观念上，就出现了重金钱、轻义利和享乐主义、极端个人主义，导致思想道德的沦落。

（2）对权力异化滋生的各种腐败现象缺乏正确认识，也严重影响了人们的职业道德思想。由于少数腐败分子贪污腐化、以权谋私、权钱交易等，败坏了社会风气。极少数人在道德言行上搞两面派，在政治道德上搞实用主义，国家政策和中央指示只执行自己有利的。一些单位集体领导、民主集中制的原则被削弱，吹牛拍马抬头，严重损害了党的形象，使有些人丧失信念，意志衰退，忘了党的宗旨。作风上的官僚主义、弄虚作假、欺上瞒下、涣散人心的思想，离间了党群关系，也必然导致思想道德的滑坡。

（3）宣传舆论缺乏明确定位的正确导向，也是引起人们职业道德思想混乱的外部原因。允许一部分人先富起来，这是社会主义初级阶段的一个重要政策，然而，少数人都认为致富就可以不择手段。一些所谓的改革能人尽管道德品质恶劣、政治素质很低、生活作风腐败，但只因为碰机遇、钻政策空子有了一点"成就"便受到各方面层层保护，舆论不加分析地大肆吹捧，给公众树立一个只要能捞钱，其他都是小节，不值得计较的形象。对炒股、炒房地产、炒明星的投机者取得的利益，媒体过度渲染，造成了部分人在收入分配上的不平衡心理，于是表现在职业道德上，产生一种畸形的道德价值观。

（4）精神文明建设和思想道德教育滞后，使人们的社会道德责任失落。改革开放以来，虽然经济建设这一手一直抓得紧、抓得多，但精神文明建设由于多方面原因，对如何用科学的理论武装人、用社会主义道德教育人抓得不实，加上舆论一度出现某些误导，高素质、低收入之间的反差，也构成了对讲理想、讲道德、守纪律的人的讽刺。对于这些不正常现象没有能及时澄清和纠正，导致一些人在职业道德实践中见利忘义，将社会主义的道德忘得一干二净。

16．怎样应对不良道德倾向

在社会主义市场经济条件下，加强青年教师职业道德建设，防止思想道德滑坡，只有从道德思想教育上、行为规范建立上、道德观念形成上多方面开展思想政治教育，才能收到长远的效果。

注重抓好市场经济条件下的青年思想道德教育

在市场经济条件下，青年职业道德领域的思想政治工作必须注重抓好以下几方面的思想道德教育工作。

（1）要正确理解市场经济是竞争经济的内涵，明确公平、公正竞争原则与行业、部门的垄断行为和不必要的行政干预是不相容的，尤其是与权力进入市场腐败的现象格格不入。

（2）要树立市场经济是法制经济的新观念，懂得运用法规、契约，用社会主义的思想道德来规范市场、规范自己的行为。执法人员要具备良好的职业道德，做到秉公执法。

（3）根据行业特点制定可行性职业道德公约和守则。

抓好青年领导干部的职业道德建设

（1）要使青年干部全面准确地理解和把握邓小平理论，自觉地按照"三个代表"重要思想的要求处理各项事务。

（2）要加强勤政廉政建设，严格干部考核制度。对那些丧失党政干部职业道德和触犯党纪政纪的人，要从严处理、赏罚分明，确保党政干部的纯洁性。

（3）树立公仆意识，自觉地做到全心全意为人民服务。

（4）要自觉地用国家法律法规规范自己的行为，凡事依法而行，克服随意性和盲目性，杜绝违法行政行为。

抓好青年执法人员的职业道德建设

（1）建立健全监督机制，发挥群众监督、舆论监督和职能监督的作用；

（2）执法人员要自重、自省、自警、自励，经常反思自己的思想行为是否符合党和人民的利益，是否符合党的宗旨，是否有利于市场经济建设，并自觉积极地开展思想斗争，不断使思想"淬火"，养就一身浩然正气；

（3）要弘扬正气，惩治邪恶，就要对那些立党为公、勤政为民的秉公执法人员给予表彰、奖励和大力宣传；对执法违法人员要严惩不贷。

抓好青年的职业道德建设

（1）各级领导要切实把青年职业道德摆上重要的议事办事日程；

（2）有关部门要从指导思想、组织机构、工作方式和工作制度等方面结合《公民道德建设实施纲要》制定一套切实可行的办法，明确各单位、各部门职业道德建设的长远目标和阶段目标，整体目标和分项目标；

（3）在目标管理和考核中，要进一步健全和完善奖励办法，形成激励约束机制，切实做到项项有目标、层层有管理、事事有人抓，把职业道德建设纳入经常化、制度化、规范化的范围。

营造职业道德建设的良好氛围

要寓教于各项活动中，增强教育效果。要组织教师制定、讨论、修改本单位的职业道德规范，使教师在制定规范的过程中受到教育，自己制定的规范遵守起来会更自觉；要开展大讨论活动，组织教师对照规范找差距、定措施；要深入开展职业道德实践活动，使教师在活动中提高职业道德水平；要广泛开展群众性文化体育活动，培养教师的群体意识；要开展先进评选活动，树立遵守职业道德规范的先进典型；要利用局域网、板报、简报、召开先进事迹报告会等阵地和形式，营造加强职业道德建设氛围。不断提高自我教育、自我规范、自我约束、自我控制的能力，尽快在全局系统形成一种"爱国守法、明礼诚信、团结友善、勤俭自强、敬业奉献"的健康向上的美好环境。

总之，要通过职业道德建设，培养正确的劳动态度和敬业精神，以增强广大青年的事业心和责任感，使他们热爱本职工作，树立崇高职业理想，养成良好职业道德。

第四章

职业道德建设

1. 为什么进行职业道德建设

《公民道德建设实施纲要》指出："职业道德是所有从业人员在职业活动中应该遵循的行为准则，涵盖了从业人员与服务对象、职业与职工、职业与职业之间的关系。随着现代社会分工的发展和专业化程度的增强，市场竞争日趋激烈，整个社会对从业人员职业观念、职业态度、职业技能、职业纪律和职业作风的要求越来越高。"各行各业、每个岗位，都是经济、社会、政治、文化发展结构进一步分化、分工的产物，都被赋予特定的社会职能、社会责任、价值标准和行为规范，并要求每个职业劳动者严格遵守和认真奉行，这就是职业道德，是建立和维护社会正常秩序所必需的。

职业道德是从事职业必须具备的精神条件

一个人通过从事职业活动获得劳动报酬，维持生产力再生产和人口再生产，维护社会生存和发展。这是迄今为止人类必然存在和需要的社会现象。特别是在市场经济竞争条件下，教师要获得高收入的工作岗位，从事性质优良的职业，就必须具备一定的知识和能力，还必须具备一定的做事态度和做人态度。只有确立相应的职业道德观念，培养起职业情感，树立职业理想，形成良好的职业习惯，以及具有相应的义务感和责任感，才能赢得社会和他人的尊重和赏识，不断进步，成为对社会有用的人。如果职业没有相应的道德规范，就不可能真正担负起社会职能和社会责任，就不可能长久存在下去。职业道德是职业自身的生存要素，也是社会分工生产的必要条件。随着时代的发展，随着社会具体行业和岗位的划分越来越细，职业道德的内容越来越丰富，地位越来越重要。近几百年来，伴随社会工业化的发展，人类在道德文明方面有了重大的进步，职业道德的兴起和深入人心是其中最优秀的成果之一。可以说，一个社会的文明水平，一个人的文明水平，在相当程度上取决于职业道德意识的强弱和深浅。

职业道德是改善我国社会风气的重要条件

社会主义的根本任务是发展生产力，适应发展生产力的需求，最重要的是提高劳动者的素质，而职业道德是劳动者素质结构中的重要组成部分。每个人为社会主义现代化建设作贡献，主要是通过职业活动。职业道德建设通过培养和训练一个人在社会职业岗位上为他人、为社会服务的精神，促进人与人之间的相互理解、尊重、帮助，协调人际关系，加强社会和谐。树立良好的职业道德，可以使人们在职业活动中正确认识和处理职业内部人与人之间的关系，以及个人与服务对象、个人与社会、本职业与其他职业的关系，尽职尽责，提高工作和劳动效率，并协同一致，推动社会主义现代化事业的发展。

职业道德是提高教师队伍素质的重要途径

不论从事什么工作，都涉及职业道德问题。卖菜短斤少两，卖粮食掺沙子，工作不负责，等等，都是不讲职业道德的表现。要让职业道德教育，使教师自觉树立自律意识，不做坑蒙拐骗、损人利己的事，对见利忘义、消极怠工、造假制假者等行为要坚决处理，要引导教师的思想和行为朝着正确的方向前进。

2. 职业道德建设的主要原则是什么

社会主义市场经济条件下的道德建设，要"以为人民服务为核心，以集体主义为原则"。发展社会主义市场经济与为人民服务应该是并行不悖、相互依存的。这是从社会主义本质出发所必然提出的道德要求，在整个道德建设中处于核心的位置。社会主义职业道德原则是从我国尚处于社会主义初级阶段这一基本国情出发确立的，针对现实社会中存在着的不同觉悟程度的人们，从而提出了不同道德层次的要求。

为人民服务原则

职业道德主要是针对职业行为的道德原则和规范，它通过人们的职业活动、职业关系、职业态度、职业作风以及它们的社会效果表现出来。不同职业有不同的道德规范，但无论什么职业道德，其基本原则都是一致的。也就是说，人的职业行为要与行业和岗位的社会地位、职能、权利和义务相一致，保证行业自身的经济效益与社会的整体效益相互促进、相互协调。为人民服务原则集中凝结着马克思主义世界观、历史观和价值观，它既是中国共产党的一贯宗旨，也是党领导下社会主义国家的主导价值观念，是社会主义职业道德的核心和灵魂。为人民服务原则贯穿职业道德观念的方方面面。

集体主义原则

以集体主义为原则，是我国社会主义职业道德的基本原则。"集体主义的最高道德目标和最核心的内容是集体利益与个人利益的辩证统一。"计划经济体制下的集体主义与市场经济体制下的集体主义都是这种集体主义在不同历史条件下的具体表现形式，但市场经济体制下的集体主义是对计划经济体制下的集体主义的扬弃，它以特殊的方式赋予了集体主义新的内涵，是社会主义市场经济基础上的主导性的道德原则。在社会主义市场经济条件下，集体主义原则要努力把社会集体利益与个人利益结合起来，促进个人与社会的和谐发展。在坚持社会主义集体利益高于个人利益的同时，充分肯定个人利益的合理性，并达到两者的辩证统一。

3. 思想政治工作的主要内容有哪些

思想政治工作是社会主义精神文明建设的重要组成部分。工会思想政治工作必须以经济建设为中心，努力贯彻党的十六大精神，为建立完善的社会主义市场经济体制服务，为深化改革、促进发展、维护稳定、实现新世纪宏伟目标服务。因此，现阶段工会思想政治工作的主要内容包括以下方面。

思想理论及经济理论教育

邓小平理论、"三个代表"重要思想和社会主义市场经济理论教育。党的十六大把邓小平理论和"三个代表"重要思想作为党的指导思想并写入了党的章程，成为指引我国人民全面建设小康社会，实现社会主义现代化宏伟目标的强大思想武器。要学习邓小平理论和"三个代表"重要思想，使广大教师进一步明确什么是社会主义，怎样建设社会主义，了解工人阶级的地位、作用和使命，努力推动党的全心全意依靠工人阶级指导方针的落实，充分发挥教师群众在学校生产和经营中的主力军作用。学习社会主义市场经济理论，使广大教师了解和掌握社会主义市场经济的特点和运行规律，进一步理解和掌握党的路线、方针和政策，自觉地为社会主义市场经济体制的建立完善而努力工作。

主人翁精神教育

随着学校改制和各项改革措施的出台，涉及教师群众切身利益的问题和矛盾越来越多，广大的教师群众出现失落感。特别是学校改制后，所有制结构的变化和国有学校实行各种形式的改革改组、改造和加强管理，使一部分教师对自己是否是主人产生了疑虑和困惑，影响了他们的劳动积极性。因此，在教师中大力弘扬主人翁精神，坚定不移地推动党的全心全意依靠工人阶级方针的落实，成了摆在工会组织面前的一项重要而艰巨的任务。要通过深入进行爱国主义、集体主义、社会主义和工人阶级历史使命与优良传统的教育，帮助广大教师树立正确的世界观、人生观和价值观，正确处理好国家、集体、个人三者利益关系，继续发扬光荣传统，以主人翁姿态走在改革的前列，以国家的主人、学校的主人来关心、支持学校的发展和建设，发挥自己应有的作用。

思想道德教育

工会组织必须把加强教师队伍的职业道德建设作为工会推进社会主义精神文明建设的工作重点，狠抓成效。要大力提倡"爱岗敬业、诚实守信、办事公道、服务群众、奉献社会"的良好职业风尚。进一步开展以为人民服务为核心，以加强职业道德建设为重点的创建文明"窗口"、文明行业、文明班组和争当文明教师等活动。当前，加强职业道德教育，着重应抓好以下几方面的工作。

（1）在各行各业中普遍进行有关职业道德、职业责任、职业纪律的行规行风的宣传教育，引导教师把爱国、爱党、爱社会主义与爱学校、爱岗位、爱本职工作统一起来，大力倡导和树立"为人民服务""敬业、乐业、勤业、精业"的职业精神；

（2）针对不同行业和单位存在的不正之风，有针对性地确定教育主题和形式，进一步纠正行业不正之风，使风气得到进一步好转；

（3）把加强职业道德与提倡社会公德、建设家庭美德和修养个人品德结合起来；

（4）把加强职业道德建设与推进学校文化建设，树立学校形象、学校精神与赢得产品的社会信誉有机结合起来。

法治教育

实施以法治国方略，这是我国建立完善社会主义市场经济的必经之路。工会思想政治工作的一项重要内容，就是要教育广大教师努力遵纪守法，还要教育教师通过法律武器来更好地维护自己的劳动权益和其他利益，学好法、用好法、遵守法，真正成为一名新时代的"四有"教师。

4. 如何规范职业道德建设

职业道德范畴是反映职业劳动者职业道德现象的一些基本观念。各种反映和概括职业劳动者职业道德现象的特性、方面和关系的基本概念，都可以视为职业劳动者职业道德范畴。一般来说，职业劳动者职业道德由职业理想、职业态度、职业责任、职业技能、职业纪律、职业良心、职业荣誉和职业作风等基本因素构成。这些因素从特定的方面反映出职业道德的特定本质和规律，同时又相互配合，形成一个严谨的职业道德模式。

5. 怎样开展职业道德教育

思想政治工作方法是以思想政治工作原则为指导完成任务的手段，工会在做教师思想政治工作的长期实践中，总结出了一套颇有成效的方式方法。

系统教育

系统教育是指有目的、有计划地向人们灌输、讲解知识和道德，这是新时期向教师群众进行共产主义教育的战略措施。主要采取的方法有以下几点。

（1）抓好基础教育，进行系统灌输，包括学习理论、中央的精神、报告、时事，由浅入深，循序渐进；

（2）要有针对性地紧密联系实际，做到有的放矢，采取讲道理、摆事实、民主讨论、说服教育的方法，有针对性地解决教师群众的思想认识问题；

（3）坚持疏导方针和正面教育，要讲事实，用疏导、对比的方法，运用典型榜样的方法，因势利导，循循善诱，给人以启示，让人提高觉悟。

典型示范

典型示范是通过先进典型为人们指引一个具体的前进目标。

"榜样的力量是无穷的"中华人民共和国建立以来，我国工人阶级中涌现出了像孟泰、马恒昌、王崇伦、时传祥、王进喜、张秉贵等先进模范人物，正是他们的典型示范作用，激励了一代又一代的劳动大军，为社会主义建设作出了巨大贡献。要搞好典型示范要做到以下几点：

（1）要善于发现和总结典型，使先进典型人物成为各行各业的旗手和号角，来激励广大教师；

（2）要准确把握、宣传典型，就要表现出先进模范人物的时代先进性、典范性、现实性、真实性，使广大教师感到先进模范人物既可敬、可爱又可学；

（3）要支持和帮助典型，对先进模范人物以大力支持和宣传，弘扬正气，也要及时帮助和引导先进模范人物正确对待荣誉。正确对待自己和群众，使自己的美好形象永远闪烁灿烂的光辉。

寓教于乐

寓教于乐是指把思想政治工作的各项内容融入各种有益的活动

之中，给人以教育和启迪。寓教于乐既是工会开展教师思想政治工作的一个特色，也是工会的一个优势。通过各项有益活动，如演讲会、读书会、知识讲座、兴趣小组、文娱体育活动把教师聚到一起，寓教于乐，教师在各类活动中陶冶情操，获得知识，增进了解，提高觉悟。在采取这一方法时，要做到以下几点：

①要善于把活动形式和教育目的有机结合起来，通过活动来达到教育的目的；

②要善于采取教师群众喜闻乐见的一些活动，如钓鱼、拔河、棋牌、演讲等，提高参与率，增强趣味性；

③善于照顾到不同层次教师的要求，力求做到有的放矢，把面和点有机结合起来。

个别教育

个别教育是指有针对性地对个别教师进行教育，以达到消除疑虑、提高认识的一种方法。在学校日常工作和生活中，教师群众中不仅存在着一些带有普遍性的思想认识问题，而且存在着大量的个体特点的思想认识问题。这些问题的存在，不仅会给教师个人的工作、学习、生活带来一些消极影响，而且会使周围的人受到一定的影响，从而给学校的生产经营活动带来不利因素。因此，解决教师个体思想认识问题是工会思想政治工作中一项十分重要的内容。通过谈心、访问、对话等形式，根据不同对象的实际情况，要对其实施教育，着重于启发教育、加强表扬鼓励，还要做到顺气理气、答疑解惑，使教师解开心结，理顺思想上的怨气，从而振奋精神，为学校的生存和发展贡献自己的力量。

在进行个别教育时，工会工作者要努力做到"以情感人，以理服人"。以情感人是利用人们的情感特点，从激发情感入手，并把各种道理寓于情感交流之中，使教师在情感上引起共鸣，在思想上受到教育。以理服人，就是要用讲道理、摆事实的方法，使教师从思想认识的深处意识到对与错、是与非，信服劝说和道理，从而形成共识。以情感人，以理服人产生的前提和基础是从事思想政治工作的人，必须有着对教师群众的尊重、信任、爱护和关心等感情，只有这样，才能真正成为"教师的知心朋友"。

6. 怎样加强社会主义道德建设

搞好职业道德教育，形成良好的学校风尚

学校应认真学习、贯彻中共中央颁发的《公民道德建设实施纲要》，坚持"为人民服务，对人民负责"的宗旨，树立职业理想，增强职业责任，强化职业规范，遵守职业纪律，掌握职业技能，改善服务态度。要使干部教师把遵守共同道德规范同各部门、各岗位的具体道德规范结合起来，就要把职业道德与严格执行各项规章制度结合起来，提高干部教师遵守道德规范的自觉性。

搞好社会公德教育，创造学校新风

搞好社会公德教育，提倡移风易俗，创造良好的人际关系和学校风貌。增强教师文明意识，广泛开展以遵守秩序、讲究卫生、礼貌待人、敬老爱幼、互助互济、邻里和睦、见义勇为为主要内容的教育。本着针对性强、要求明确、便于对照检查的原则，制定《学校教师文明守则》，使教师在学校成为文明教师，在社会成为文明公民。积极提倡健康有益的生活方式，严禁聚众赌博，反对迷信活动，反对铺张浪费，提倡婚事新办，丧事简办。

搞好青年教师的思想教育，深化教育内容

以邓小平理论和"三个代表"重要思想为指导，以培育与社会主义市场经济相适应的学校新型人才为目标，以提高青年的思想理论素质和文化知识素质为重点，以"坚定信念跟党走，勤奋学习建功业"为主题，广泛开展各种形式的教育活动。帮助和支持公司团委积极开展工作，充分发挥团组织在青年教师道德品质教育中的作用。重视学校青年教师后备军的劳动教育基地的建设，形成良好的育人环境。

7. 如何以职业道德建设促学校发展

职业道德建设不仅是社会主义精神文明建设的一个重要方面，也是一个国家、民族经济发展和社会文明的重要标志之一。学校怎样加强职业道德建设，促进学校发展？一方面要根据市场经济的特点，建立适合行业特点的职业规范；另一方面，要用切实有效的思想政治教育，让人们在个人利益和社会利益的关系中摆正位置，掌握正确的善恶标准，使之成为调整个人与社会，人与人之间关系的行为准则。因此，在职业道德建设中，必须重点加强思想道德教育，学校中教师在职业道德方面的不良倾向以及学校应采取的基本对策。

学校教师职业道德的不良倾向

改革开放以来，人们对社会主义市场经济缺乏全面正确的认识，片面强调物质利益，忽视精神文明建设，在职业道德建设上存在的突出的问题是职业道德观念淡化、思想道德建设滑坡。其主要表现有：

①价值观念发生错位。在职业道德领域表现为拜金主义盛行、享乐主义、极端个人主义抬头、见利忘义、唯利是图、损公肥私蔓延、吃、拿、卡、要等行业不正之风抬头。

②价值取向比较庸俗。在职业道德上，表现为部分人认为市场竞争就是金钱、利益的竞争，对"靠山吃山、靠水吃水"等不道德现象见多不怪。

③道德评判出现偏差。表现在职业道德上，评判是非的标准模糊，对那些靠钻政策空子而一夜暴富的人，一些人将其敬若神明，佩服得五体投地。

④社会道德心理失衡。表现在职业道德领域是部分教师对主人翁地位出现失落感，认为过去工人阶级领导一切，人民当家作主，现在则是单位领导是"老板"，"主人"，变成了雇工，没了地位，少了保障，还谈什么职业道德，还谈什么"先国家，后集体，再个人"。于是心里想的是趁着自己还在岗，不捞白不捞。在思想观念上，淡化了集体观念，忘掉了集体利益，导致了职业道德的倒退。

相应对策

在社会主义市场经济条件下，要加强职业道德建设，防止思想道德滑坡，就要从道德思想教育上、行为规范建立上、道德观念确立上多方面开展思想政治教育工作，才能收到长远的效果。

（1）思想政治教育要突出用科学的理论培养人。用社会主义道德思想教育人

马克思列宁主义、毛泽东思想、邓小平理论是被实践检验和证实了的科学理论。唯物主义认为，人类社会的一切文明活动都是在一定思想支配下进行的，思想道德建设既是教育科学文化建设的重要条件，也是整个社会主义精神文明建设的重要条件，思想道德离不开正确的指导思想。因此，社会主义市场经济条件下职业道德建设中的思想道德建设同样离不开科学理论的指导。

用马克思列宁主义、毛泽东思想和邓小平理论来指导职业道德

建设的实践，必须结合两个教育：

①要把理想信念教育作为思想政治工作核心内容。理想信念，是人们为之而向往，追求的奋斗目标和信仰。它是决定一个人的整个精神世界是高尚的还是卑微的、美好的还是丑恶的一条根本的标准。坚持马克思主义的理想信念，是共产党人的精神支柱，是社会主义革命和建设不断取得胜利的强大精神动力。要紧密结合改革开放的新实际，加强对马克思主义的研究和宣传，不断增强马克思主义理论的说服力和战斗力。要紧密结合干部群众在思想认识和工作、生活中产生的新问题，加强理想信念教育，不断提高思想政治工作的针对性和实效性。真正做到以科学的理论武装人，以正确的舆论引导人，以高尚的精神塑造人，以优秀的作品鼓舞人，培养有理想、有道德、有文化、有纪律的现代教师。

②要加强社会主义道德教育。道德准则应该是对社会、对国家、对人民负责，是融国家、集体、个人利益为一体的道德原则。它的基本特征是集体主义和全心全意为人民服务的崇高精神。要在全体教师中提倡为人民服务和集体主义的精神，提倡尊重人、关心人、热爱集体、热心公益、扶贫帮困，为人民、为社会多做好事。正确处理国家、集体和个人的关系，反对小团体主义、本位主义，反对损公肥私，损人利己。严格防止把经济活动中的商品交换原则引入党的政治生活和学校的经营活动中来。只有这样才能树立起具有时代特征，代表着人民利益与社会经济关系相适应的社会主义道德观念。

（2）思想政治教育要借助道德评价的力量，严厉谴责和批判违反社会主义道德原则的不良行为

事实证明，行业风气的好坏在很大程度上取决于教师思想道德水平的高低和对不良行为的批判打击力度。道德进步，行动有力，学

校就安全；道德沦丧，放任自由，学校就会沉渣泛起，难以安定。所以，在加强社会主义道德建设和教育的过程中必须严厉谴责和批判一切不道德的行为。重视反面教育，惩恶扬善。

虽然很多学校对见利忘义、损公肥私、权钱交易和行业不正之风十分痛恨，也开展了斗争，但为什么屡禁不止呢？除深层次的原因外，关键是批判打击和道德谴责不力。如果让这些行为除了在法律上受到严厉制裁外，在道德上也受到社会舆论最严厉谴责，形成人人喊打的态势，那么类似的事情肯定会大大减少。假如听之任之，甚至提供或创造宽松的环境，它怎么不愈演愈烈，到处蔓延呢？

因此，我们在思想道德领域要大力批判拜金主义、享乐主义和极端个人主义思想，让那些违背职业道德的人遭到社会和教师的痛恨和鄙视。同时要大力宣传好典型，树立良好的职业道德形象，使教师学有榜样，让良好的行业风尚深入人心。

（3）思想政治工作要注重抓好市场经济条件下的思想道德教育

在市场经济条件下，学校教师职业道德领域的思想政治工作必须注重抓好以下几方面的思想道德教育工作：

①要正确理解市场经济是竞争经济的内涵，尤其是与权力进入市场腐败现象的形象是格格不入的。

②要树立市场经济是法制经济的新观念，懂得运用法规、契约和规范来规范自己的行为。只顾眼前利益，只顾个人利益都是不道德的，终究要失败的。

③要抓好领导干部的思想道德教育，领导干部的思想道德教育素质的高低不仅关系到执行政策和工作的好坏，也关系到党的风气和党的形象。只有干部自身做好了，党风才会好，政风才会好，行业风气才会好。学校各级部门要把加强领导干部的职业道德教育作为一件

大事来抓。学校人事部门要坚持正确的用人标准，重视干部的思想道德教育，坚持"德是才之资"的德才标准，把道德素质差，作风恶劣、以权谋私、缺乏"官德"的投机分子清除出干部队伍。

④学校要根据自己的行为特点制定可行职业道德公约和守则，真正用社会主义的思想道德武装头脑，指导行动，规范行为。继承和发扬在长期革命和建设中形成的优良传统，发挥思想政治工作的优势，把思想道德教育落到实处。

此外，要大力开展健康有益的、生动活泼，丰富多彩的思想道德教育和文化活动，以丰富人们健康的精神文化生活，提高人们的道德境界，陶冶人们的道德情操，将社会主义道德思想融入自己的职业道德实践，养成良好的职业道德习惯，为建设"一强三优"学校做出自己的贡献。

8. 职业道德建设表彰有何标准

对于教师职业道德建设中的先进单位和个人进行评选和表彰奖励，是对教师职业道德建设的加强和深化，能够有力的推动全社会学先进、赶先进、超先进。评选全国教师职业道德建设先进单位和个人，必须具备以下标准。

先进单位

①全国教师职业道德建设先进单位必须坚持物质文明、精神文明、政治文明一起抓，在改革和发展中成绩突出。

②全国教师职业道德建设先进单位必须遵纪守法，诚实守信，服务群众，奉献社会，社会形象良好。

③全国教师职业道德建设先进单位不仅要有健全的职业道德规

范与运行机制，其从业人员还要具备良好的职业道德。

④全国教师职业道德建设先进单位必须有廉洁自律，办事公道，决策民主，密切联系群众的领导人员，领导人员在广大教师群众中威望较高。

⑤全国教师职业道德建设先进单位必须在近两年获得过省、自治区、直辖市、部级或者精神文明建设先进单位荣誉称号。

先进个人

①全国教师职业道德建设先进个人必须热爱祖国、热爱人民、热爱劳动、热爱科学，热爱社会主义。

②全国教师职业道德建设先进个人必须敬业爱岗，工作勤奋，勇于创新，奉献社会，在工作岗位上获得了突出成绩或者重大贡献。

③全国教师职业道德建设先进个人必须诚实守信，办事公道，廉洁公正，服务态度热情周到，拥有良好的职业道德。

④全国教师职业道德建设先进个人必须刻苦学习科学知识，不断钻研业务技术，精通技能技术，取得了突出业绩或者成果。

⑤全国教师职业道德建设先进个人必须在近两年获得过省、自治区、直辖市、部级或者精神文明建设先进个人荣誉称号。

9. 怎样实现职业理想

职业理想亦称"事业理想"，是理想的一种具体内容和形式，是指人们对自己未来职业的选择和向往以及在职业活动中所追求的事业成就和奋斗目标，有时也指职业集体对职业（或事业）发展的美好前景的向往和希望。职业理想是社会理想在职业选择和实践中的具体体现，在人们生活中占有重要位置，对一个人未来的发展前途有着重要影响。

职业理想是职业道德的灵魂。在职业生活中，只有树立崇高的、合理的职业理想，才能正确对待自己从事的职业，做到敬业、乐业、勤业，在职业工作中表现出良好的道德品质，对社会做出应有的贡献。在现实生活中，不同的人有不同的职业理想，这与人们在选择职业时对职业的要求有关。一般说来，在选择职业时个人对社会的职业要求有三个方面，即维护生活、发展个性、承担社会义务。以不同方面为着眼点，就形成了不同层次的职业理想。仅仅从维持生活出发，只能形成低层次的职业理想；仅仅从发展个性出发形成的职业理想，虽然也会产生一定的动力，在职业工作中可能干出一些成绩，但是一旦个人发展的需要与社会需要发生矛盾时，就有可能以发展个性为由，做出不利于社会、他人的行为选择。只有以社会义务为基础同时兼顾上述两个方面，才能树立崇高的、现实的职业理想，这一职业理想也才能成为良好职业道德追求的精神动力。

社会主义社会为人们充分选择和实现高尚而有价值的职业理想提供了有利的条件，特别是有伟大的共产主义理想和建设高度文明、高度民主的社会主义现代化国家的共同理想为指导，以各行各业无数先进、模范人物为榜样，每个有志于社会主义建设的劳动者都有希望成为某种职业的专家或各自工作岗位上的先进工作者。人们的职业和工作虽然千差万别，但只要能够满足人们物质和文化生活的需要都是有价值的、光荣的事业，人们在职业活动中对社会所作的贡献都会受到尊重，人们的职业理想也能得到实现。

10. 如何端正职业态度

职业态度主要是指劳动态度。劳动态度不单指劳动者的主观态度，也揭示了劳动者在生产过程中的客观状况、参加社会主义劳动的方式。

人们的劳动态度是在多种因素的作用下形成的。这些因素有主观方面的，也有客观方面的。主观方面的因素有劳动者的劳动价值观念、受教育程度、文化专业技术水平、劳动能力、兴趣爱好等。客观方面的因素有生产资料的所有制状况、劳动者在劳动中的地位、产品的分配方式、劳动者具体劳动的内容、劳动环境和劳动条件等。

职业态度的好坏可以体现出一个人、一个单位、一个部门、一个系统的精神境界和道德风貌。社会主义职业道德对职业态度的要求有以下几点。

端正

在社会主义制度下，每个人所从事的职业都是为社会主义事业服务，工作只有性质不同，而没有高低贵贱之分。不论任何人，首先要有一个端正的职业态度，否则什么事情也做不好。如今，职业态度的好坏成为对人们进行职业道德评价的标准，劳动贡献的大小也就成为衡量人们职业道德价值的标准。

谦和

对人要谦虚和蔼。和蔼可以使人感到至亲至善至美。无论从事何种工作，都应做到说话和气，对人亲热，有问必答，有错必改，百问不烦。这是职业态度的基础。

诚实中肯

对人对事要诚实中肯，不弄虚作假，不欺骗人，更不敲诈勒索。要说老实话，办老实事，做老实人。在社会服务中，要诚实守信，表里如一，言行一致。

克服职业态度中的不道德行为

当前，在职业态度中也出现了一些不可忽视的问题：有些部门和工作人员，对群众反映的问题不能及时解决。群众有问题找上门来，他们不是热情接待，而是态度生硬，"门难进，脸难看，事难办"。在大力加强职业道德建设，端正职业态度的同时，必须采取教育、纪律和法制等手段，与职业态度中的不道德行为进行不懈的斗争。

11．如何履行职业责任

职业责任是指行业和从事一定职业的人们对社会和他人所负的职责。社会上的每一个行业都对社会或其他行业担负着一定的使命和职责，从事一定职业的人们也对本职工作担负着一定的职业使命、职责、任务。职业责任往往是通过具体法律和行政效力的职业章程或职业合同来规定的。能否履行职业责任，是一个职业工作者是否称职、能否胜任本职工作的根本问题。

一般说来，责任就是义务，职业责任就是职业义务，虽然，这两个概念是相同的，但职业责任、职责义务与道德义务并不完全相同，它们之间既有联系，又有区别。它们的联系主要是指：都要求从事一定职业活动的人们必须敬业乐业、积极工作、努力完成自身职业所赋予的各项任务。它们的区别主要是：第一，职业责任、职业义务是靠外在的强制力量推动人们的职业行为。如果一个人不履行或不认真履行职业责任与义务，就要受到政治的、经济的或法律的制裁。道德义务则是在人们的内心信念驱使下自觉履行的，虽然有时强大的社会舆论也会对人的行为产生重大作用，但这和外在的强制和政治、经济、法律的强制有着不同的性质。第二，履行职业责任和职业义务与得到某种权利或报偿紧密联系，而履行道德义务不是为了权利和报偿。在道德上尽义务，就是要自觉地做出有利于他人的、有利于社会的行为。

当个人利益与他人或社会利益发生冲突时，就要牺牲个人利益以实现他人或社会的利益。所谓道德义务，就是人们自觉认识到的并自觉履行的道德责任，它高于职业责任与职业义务。

职业责任规定了从业人员的职业行为的具体内容，是从业人员履行职业义务的依据。职业劳动者只有认识到自己所担负的责任，把它变成自己内心的道德情感和信念，才能自觉自愿地从事本职工作，表现出良好的职业道德行为。因此，职业道德教育的任务之一，就是要使职业劳动者自觉认识到自己对社会、对本职和对他人所承担的职业责任，并自觉地转化为自己的职业道德义务。

12. 怎样理解职业纪律

职业纪律是指为了维持职业活动的正常秩序，保证职业责任的履行，是人们在从事职业活动时必须遵守的规矩和准则。它常常表现为规章、制度等形式。

职业纪律具有法规强制性和道德自控性两方面的特征。职业纪律成为职业道德规范体系的内容，不仅因为职业纪律是保证职业活动正常开展的手段，还因为遵守职业纪律的意识和行为是人们职业品质的重要内容。自觉遵守职业纪律是个人自由意志的体现，是个人对自己与职业集体关系、与社会整体利益关系的"自觉"认识的体现，它表明了个人对正常职业生活及社会集体生活需要的服从。

职业纪律与职业道德是对立统一的关系，它们之间既有差异性，又有统一性。一个自觉用职业道德约束自己的人，也必然是一个严格遵守职业纪律的人。也就是说，职业纪律与职业道德是职业活动的共同要求，二者密切联系、相互补充、相互促进。同时，它们之间又有差异性，职业道德是用榜样的力量来倡导某种行为，而职业纪律以强制手段去禁止和惩处某种行为。纪律的执行和检查往往由专门机构来保证，而职业道德是靠社会舆论和内心信念的手段来实现的，其目的在于提高人们的思想境界和情操。

总之，社会主义职业纪律是建立在与人民群众利益根本一致基础上的，同全体职业劳动者对社会主义事业责任心相联系的纪律，是在社会实践中充分发挥个人独创性和主动性的纪律。因此，职业纪律要求我们不断强化职业意识，从一点一滴做起，持之以恒，为社会主义建设做出贡献。

13. 如何完善职业良心

职业良心是在履行职业义务中人们内心所形成的职业道德责任感和对自己职业道德行为的自我评价、自我调节能力，是一定的职业道德观念、职业道德情感、职业道德意志、职业道德信念在个人意识中的统一。

良心是一种道德意识现象，是社会存在的反映，是社会关系的产物。在阶级社会中，虽然人人都有良心，但由于人们所处的地位不同、道德观念不同，人们的良心也不相同，而且社会分工的不同造成了生活方式的不同，这造成了良心的差别。

职业良心与职业责任的区别，主要在于它是一种"道德自律"，是存在于内心的自我道德信念和要求。因此，职业良心的形成，在很大程度上取决于职业劳动者的自我体验、自我教育、自我锻炼、自我修养。社会对职业劳动者的一系列道德要求只有经过自我思想意识，把客体的道德律令转变为主体的道德律令，才能形成职业良心。职业良心是职业人员对职业责任的自觉意识。

职业良心一旦形成，往往左右着人们职业道德的各个方面，贯穿职业行为过程的各个阶段，对人们的职业活动有着巨大的作用。这种作用主要表现为：在职业行为之前，职业良心依据职业责任的道德要求，对职业行为的动机进行自我检查，对符合职业道德要求的动机予以肯定，对不符合职业道德要求的动机进行抑制或否定，从而作出正确的动机决定。在职业行为进行中，职业良心能够起到监督作用，对道德的行为给予肯定，对不道德的行为调整改正。在职业行为之后，职业良心能够对自己行为的后果和影响作出评价，对履行了职业义务的良好后果和影响给予肯定，感到内心的满足和欣慰；对没有履行职业义务的不良后果和影响，深感内疚，受内心的谴责后下决心纠正自己的错误。

14. 怎样珍惜职业荣誉

职业荣誉就是对职业行为的社会价值所作出的公认的客观评价及正确的主观认识。它包括两方面的内容：一方面是指社会用以评价劳动者行为的社会价值的尺度，也就是对劳动者履行职业责任的道德行为的赞赏和评价；另一方面是指劳动者对自己职业活动所具有的社会价值的自我意识，也就是良心中所包含的自爱和自尊心。

职业荣誉所包含的两个方面是相互联系和相互影响的。对某种职业行为的公认与褒奖，作为社会评价的尺度，是社会的舆论，是荣誉的客观基础；在个人意识中的荣誉的意向，是社会评价的主观感受和自我评价，是通过社会舆论把客观的评价转化为主观的意向。从客观方面说，荣誉是社会对一个人履行职业义务的德行和贡献的评价，是道德行为的价值体现或价值尺度；从主观方面来看，职业荣誉是职业良心中的知耻心、自尊心、自爱心的表现，它能使职业劳动者自觉地按照客观要求的尺度去履行职业义务，宁愿做出自我牺牲，保持尊严、荣誉和人格完美，也不愿违背良心，做出可耻、卑劣和损害人格的事情。

职业荣誉与职业义务紧密联系在一起，不履行职业义务，就谈不上职业荣誉。如果职业劳动者认真履行职业义务并做出了贡献，必然会得到社会的肯定与褒奖；社会的肯定与褒奖又强化这种行为，促使职业劳动者更加认真地履行职业义务，做出更大的贡献。因此，职业荣誉与职业义务是辩证统一的关系，两者相辅相成、相互促进、缺一不可。社会主义职业道德强调职业荣誉最主要的目的是把社会对于职业道德的客观评价转化为广大劳动者的自我评价。这样，劳动者就可以更好地履行自己的职业义务，全心全意做好工作，即使没有得到表扬，内心也无愧地得到安慰与满足。

15．如何养成良好的职业作风

职业作风是指职业劳动者在其职业实践和职业生活中所表现的一贯态度。在人们的职业活动中，职业作风作为一种习惯力量，支配着职业劳动者的思想和行为。人们一旦形成良好的职业作风，就能在其职业活动中自觉按照职业道德规范的要求行事，表现出良好的职业道德品质。一个职业集体有了优良的职业作风，就能互相教育、互相影响、互相监督、形成风尚，使好的思想、行为、品质得到发扬，使不良的思想、行为、品质受到抵制。

职业作风是职业道德的重要范畴。社会上各种职业都有自己的作风，作风都包含着道德的内容。职业作风是人们在长期职业实践中自觉地培养起来的。职业作风决定于人们的思想和目标。确立了崇高的目标，在实践中就会形成优良作风；如果思想上腐朽没落，必然产生腐败作风。

职业作风是一种巨大的无形的精神力量，对职业劳动者的行为影响很大。一个具有优良作风的职业集体，能够感召人们去战胜困难，取得胜利。一个有许多缺点的人，加入这样的集体，可能会被熏陶，变得作风正派；一个职业作风败坏的职业集体，也可能会把一个单纯或正派的人毒害成为一个腐化堕落者。

树立好的职业作风，必须做到实事求是、坚持真理，工作积极、认真负责，忠诚坦白、平等待人，发扬民主、团结互助。劳动者在职业实践活动中既为社会、为人民提供了服务，既实现了社会价值，也实现了自我的价值。

第五章

职业道德实践

1．树立正确的人生观的意义

正确的人生观，崇高的理想和高尚的职业道德，凝聚着我国工人阶级的智慧和力量，具有强烈的感召力和推动力，可以激发广大教师的斗志和信心，成为克服各种困难的精神动力。广大教师要树立正确的人生观，坚定建设中国特色社会主义的理想和信念，培养并践行高尚的职业道德，始终斗志昂扬，战胜各种困难，将中国特色社会主义不断推向前进。

2．科学的人生观的涵义

一个人要想立足社会，成就事业，就必须在科学世界观的指导下，确定正确的人生态度。人生态度是从人生理想到人生实践的关键环节。任何人的人生理想，都要通过人生态度转化为人生实践。从这个意义上说，人生态度是"人生观的命脉"，有什么样的人生态度，就有什么样的人生实践，也就会描绘什么样的人生。在努力建设社会主义现代化的今天，每个教师都应当培养积极向上、乐观进取的人生态度，树立为人民服务的思想，对社会负责。

人生就是人的生命历程，是人认识和改造自然，认识和改造社会，认识和改造自身的社会生活过程。人生观就是人们对人生的根本看法的态度。它回答的是人为什么活着和怎样生活才有意义等人生的根本问题，也就是说，人生观是人们对人生目的、意义的根本看法和态度。它包括三个方面的内容：人生目的、人生价值和人生态度，其中人生目的是人生观的核心。

3. 如何坚持积极的人生态度

每个人在现实生活中，都会遇到各种复杂多变的人生矛盾。这就需要人们用正确的、一贯的立场、观点和方法去处理问题。其中，自尊、自信、自强、自律是这种积极人生态度最基本的要求。

自尊是维护人格尊严的心理品质

自尊是作为主体人的一种自觉状态，是一种严肃郑重的人生态度，是用自己良好的言行维护自身人格尊严的良好心理品质。自尊是一个人自信、自强和自律的前提，是一个人安身立命、争取事业成功和人生幸福的先决条件。人生活于天地之间，可以选择多种生活道路和行为方式，但只有尊重自己的人才可能严格地约束自己，具有高尚的品格，获得世人的敬重。自尊是强大的精神力量，它能提升自己的人格。高尚的人格是从自尊开始的，也是以自尊为基础的。

自信是取得事业成功的可靠支点

要取得事业的成功和人生的幸福，就要有自信的精神品质。自信是一个人成就事业、开拓创造的支点，没有坚定的自信心，就难以开拓创造。一个人生活在世界上，既要相信和依靠社会的力量，也要相信和依靠自己的力量。不相信自己力量的人，注定一事无成。

自强是战胜困难的力量源泉

自强，就是坚韧不拔、奋斗不止的精神品质。应该说，在现实的生活中，绝大多数人是自信的，有一定的抱负和理想。可是，在实践中有些人却半途而废。除了客观原因，一个重要的主观原因是经受不住挫折和困难的打击，以什么态度对待困难和挫折，往往是能否成功的关键。一个具有自强精神的人，还要有一种挫折耐性。所谓挫折耐性是指一个人对待挫折的适应能力,即遭受挫折时忍受打击和困扰,免于行为失常和身体遭受巨大损伤的能力。要培养挫折耐性,关键是经受各种锻炼,提高知识水平,丰富人生阅历。

自律是完善自我的有力杠杆

自律是一种自我反省、自我监督、自我改造的品质。一个人要想取得事业成功和人生幸福,仅有自尊、自信、自强是不够的,还必须自律。自律是自尊、自信、自强的条件和保障。一个人只有通过自律,即通过自我反省、自我监督和自我改造才能实现自我超越。自律性强的人,能够不断提高自己的自尊、自信、自强精神品格,不断完善自己。而自律性弱的人,很难做到认真的自我反省、自我监督和自我改造,容易止步不前,只能在人生道路上原地踏步,甚至倒退。所以要做人生的强者,必须有高度自觉的自律性。

4. 怎样锤炼高尚的道德品质

人的生活是广阔的,不仅有事业的拼搏、政治上的选择,还有友情的交往、是非的考验、荣辱的衡量等。在纷繁复杂的人生面前,每个人都应当追求高尚的道德品质。

追求高尚是生命意义之所在

崇尚美德是人类的天性。人格是道德的尺度和做人的尊严,是人的根本。一个人的贵贱、轻重不在容貌、金钱和地位,而在人格。人格高者高贵,人格低者卑下。人格好比一个书架,从上到下划分为不同层次,品行高者居高格,品行中者居中格,品行下者居下格。

人格是人的本质和价值的真正载体,是人区别于动物、人之所以为人的根本标志,它能唤起人类最珍贵的感情——敬重。一个人能够因其美貌、地位和金钱得到人们的喜爱，但并不能因此得到人们的敬重。敬重是对高尚人格的一种赞赏，敬重只赠给品行端正、人格高尚的人，而与人格低下者毫无缘分。

人格的观念可以化作强大的道德力量，催人向上，做好事而不做坏事，保持高尚的品质。凡人格高尚者，绝不做低下之事，因为他有极强的荣誉感和廉耻心，能够真正做到"富贵不能淫，贫贱不能移，威武不能屈"。那些丧失人格的人，没有做人的道德尺度，失去了做人的尊严，还有什么东西能够约束他呢？如果想追求高尚，保持光明磊落，就应当珍视自己的人格，努力修炼和提高自己的人格。

努力追求道德自由境界。在追求高尚人格和美德的过程中，必须正确认识和处理道德必然与道德自由的关系，努力争取达到道德自由的境界。所谓道德必然，是指反映社会发展客观要求的道德原则及规范的客观性和不可违性。道德是一种建立在社会历史必然性基础之上的价值的必然性，是一种立足于必然的价值"应然"。它是一种以道德原则和规范作为载体的，对人们行为"不应当怎样""应当怎样"的宣示，是一种不应违抗和不能违抗的社会权威。所谓道德自由，是指人们有能力自主地做出道德选择，并在实践中合乎道理、顺利地被实现的道德状况和境界，是人们对道德必然的认识、把握和运用。在这里，道德自由包含两个方面的含义：第一，人们有能力自己面对现实自主地、自由地做出道德行为抉择；第二，在这种道德行为抉择付诸实践后，符合道德必然能够顺利地、无阻碍地得到实现。这两个方面共同组成了道德自由。道德自由的实质是人们认识、把握和运用道德必然性的能力和水平，是人们道德人格完善的程度。实际上，人们由道德必然向道德自由转化的过程，也就是完善自己道德人格的过程。道德自由的程度，就是道德人格完善的程度和道德发展的水平。因此，一个人要实现由道德必然向道德自由转化，就必须努力提高自己的道德水平，完善自己的道德人格，这是任何人实现道德自由的必经过程。

虽然道德自由境界是高尚的、令人神往的，也是可以达到的。但是，只有终生努力学习为人做事的知识，追求高尚美德，不为物欲和名利所惑，自觉锤炼自己的人格，孜孜以求，终生不倦，才能获得成功。

珍惜人生是实现理想的起点

①人生好比登山，道路是漫长曲折的，但险要的地方只有几步。有的人能化险为夷，登上壮丽的顶峰；有的人却从此坠入万丈深渊。这里的关键是要有严肃郑重的人生态度。在发展社会主义市场经济的新形势下，成功机会多，歧路也多。一个人究竟走向成功还是走向失败？走向高尚还是走向堕落？主要决定于自己怎样选择。成功者的经验和失败者的教训告诉我们：对待人生必须严肃郑重，不轻浮、不轻率，讲原则、守节操，这是做人的基本准则。对待人生采取严肃郑重的态度，往往是一个人受人尊重、永远立于不败之地的保证。对人生采取轻率态度，则是犯错误的一个根源。只有郑重地对待人生，才能有壮丽的人生。

②做命运的主宰。真正的强者，从不相信所谓命运的安排，而是自己做命运的主宰，所谓绝对的、一成不变的命运是不存在的。在生活中，有时不幸的事件接踵而至，令人感到命运不佳。可是，如果冷静分析就会发现，所有的不幸都是一定条件所致。只要主观做出努力，改变某些条件，就能做命运的主人。

③正确看待社会弊病。社会主义社会前景是光明的、美好的，但

在其发展的过程中的某些方面也存在着一些社会弊病。在社会弊病面前，我们要保持着清醒的头脑和不屈的斗志，决不随波逐流，并斗争到底。

（4）正确对待自己的错误。人虽然会犯错误，但又会改正错误，从而不犯更多错误。这说明人对自己的主观世界有很强的调节能力，对周围的客观世界有巨大的适应能力和学习能力。正确对待自己的错误，就要做到：勇于承认错误—深刻认识错误—迅速改正错误—永远记取教训。这样，就可以将坏事变成好事，从经验教训中得到好的结果。

5. 如何坚持为学生服务

为学生服务是社会主义道德的集中体现，也是正确的人生观的核心。只有树立了为学生服务的思想，才可能做到对社会负责。

坚持学生的利益高于一切

要全心全意为学生服务，就要摆正学生的利益与个人的、小团体的利益的位置，把学生的利益放在第一位，一切言论行动从学生的利益出发，个人的、小团体的利益服从学生的利益。这就要求摆正"自我"的位置。

为学校建功立业

全心全意为学生服务，就是竭尽自己的努力，帮助学生提高学习成绩。

为维护学生利益而斗争

全心全意为学生服务，必须有捍卫真理和正义的高度责任感，与一切危害学生利益的现象和行为作斗争。

6. 怎样对社会负责

培养社会责任感

一个人生活在社会之中，一方面要从社会获得必需的权利，另一方面也要承担一定的社会义务和责任，如对民族和国家的责任、对社会公共生活的责任和对人类前途和命运的责任等。公民承担"社会责任"或"社会义务"，是维护社会正常秩序、推动社会发展和保护全体社会成员正当利益的需要。每个公民必须对社会负责，自觉承担起社会责任和义务。不承担这种社会责任和义务，就会给社会造成不同程度的损害，受到道德的谴责，甚至受到法律的惩罚。

要承担应尽的社会责任和义务，必须有崇高的社会义务感和责任感。这种义务感和责任感是人们行为的向导，它时时告诉人们应该做什么、不应该做什么。一个人的社会义务感和责任感越强，履行社会义务和责任的态度便越自觉越坚决，他的行为便会越崇高，贡献便会越大。高尚的人格和壮丽的人生正是在履行自己对社会、对民族的义务和责任中产生出来的。

崇高的社会义务感和责任感来自对社会发展规律的深刻认识。只有这样，他的见识才会比别人远，愿望才会比别人强烈，才能够看到担当社会义务的必要性。

在承担社会责任中书写人生

人类社会是不断向前发展的，每个时代都有必须完成的政治、经济、科学、文化等方面的重大任务。时代的任务包含着民族的希望和人民的幸福。一个人要实现自己的价值，就要积极响应时代的召唤，投身到时代的激流中去，为完成历史的任务而奋斗，这是实现人生价值的唯一正确的道路。在未来的人生征途中，我们每个人都应当在自己的工作岗位上，艰苦奋斗，开拓进取，努力使自己成为一个具有高尚人格的人，一个有益于人民的人。

7. 建立社会主义思想体系的意义

改革开放以来，虽然我国公民道德建设取得了显著成绩，思想道德领域的主流积极、健康、向上。但是，随着社会主义市场经济体制的逐步建立，人们的道德观念和行为方式发生了深刻变化，一些原有的道德规范不能适应新形势，而新的道德规范还没有形成。因此，一些领域和地方的是非、善恶、美丑界限混淆，拜金主义、享乐主义、极端个人主义滋长蔓延。经济活动中，掺假制假、以次充好、欺行霸市、偷税漏税、不讲信用等现象时有发生。这些都严重腐蚀人们的灵魂，阻碍社会主义市场经济的健康发展。因此，为了适应新的形势，积极建立社会主义思想道德体系，确立全体社会成员共同遵循的价值取向和行为准则，已经成为当前加强社会主义精神文明建设的一项紧迫任务。

8. 如何实施社会主义思想体系

树立集体主义思想

建立社会主义思想道德体系，必须以为人民服务为核心，以集体主义为原则，以诚实守信为重点。

为人民服务，是社会主义道德区别和优于其他道德的显著标志。要把为人民服务的思想贯穿于各种具体道德规范之中，引导人们正确处理个人与社会、竞争与协作、先富与共富的关系，提倡尊重人、理解人、关心人，为人民为社会多做好事。集体主义，是社会主义政治、经济、文化的必然要求。要把集体主义精神渗入社会生活的各个层面，提倡个人利益服从集体利益、局部利益服从整体利益、当前利益服从长远利益，反对个人主义、本位主义和损公肥私、损人利己。现代市场经济是信用经济，没有信用，就没有秩序，市场经济就不可能健康发展。要加强社会信用体系建设，广泛开展公民诚实守信的道德教育，在全社会强化信用意识。

与社会主义市场经济相适应

建立社会主义思想道德体系，必须做到与社会主义市场经济相适应，与社会主义法律规范相协调，与中华民族传统美德相承接。

要深入研究社会主义市场经济对道德建设提出的新要求，就要坚持公民承担社会责任与社会尊重个人合法权益相一致，效率优先与兼顾公平相统一，先进性要求与广泛性要求相结合，着力培养与市场经济相适应的道德观念。要把法制建设与道德建设结合起来，把依法治国与以德治国结合起来，使法律和道德在内容上相互衔接、相互协调，在作用上相辅相成、相互促进。要加强对传统文化的研究，继承中华民族几千年形成的传统美德，发扬党领导人民在革命、建设和改革实践中形成的优良传统，使社会主义思想道德体系既体现时代特点又具有鲜明的民族特色。

开展道德教育和道德实践

建立社会主义思想道德体系，要把建立社会主义思想道德体系与广泛开展道德教育和道德实践活动结合起来，认真贯彻《公民道德建设实施纲要》，大力倡导"爱国守法、明礼诚信、团结友善、勤俭自强、敬业奉献"的基本道德规范，加强社会公德、职业道德和家庭美

德教育，特别要加强青少年的思想道德建设，引导人们在遵守基本行
为准则的基础上，追求更高的思想道德目标。深入扎实地开展群众性
精神文明创建活动，突出思想内涵，强化道德要求，使群众在参与中
得到提高，得到净化。综合运用道德教育、法规制度、行政管理和社
会舆论等方式，实现个人自律与社会监督相结合，营造扶正祛邪、扬
善惩恶的社会氛围。

9. 怎样体现自己的爱国精神

　　爱国主义是动员和鼓舞人民团结奋斗的一面旗帜，是各族人民
风雨同舟、自强不息的强大精神支柱，在维护祖国统一和民族团结、
抵御外来侵略和推动社会进步中，发挥了重大作用。爱国主义是一个
历史范畴，在社会发展的不同阶段、不同时期有共同的要求，又有不
同的具体内涵。历史证明，只有社会主义才能救中国，只有社会主义
才能发展中国。坚持社会主义道路，是全体中国人民的正确选择和坚
强意志。因此，在当代中国，爱国主义与社会主义本质上是一致的，
建设中国特色社会主义是新时期爱国主义的主题。我们倡导爱国主
义，就是要增强民族凝聚力，树立民族自尊心和自豪感，巩固和发展
最广泛的爱国统一战线，把人民群众的爱国热情引导和凝聚到建设
中国特色社会主义伟大事业上，引导和凝聚到为祖国的统一、繁荣
和富强作贡献上，为实现中华民族的伟大复兴这一共同理想而团结
奋斗。

10．发扬团结统一民族精神的重要性

所谓团结统一的民族精神，就是一个民族在一定的利益和目标基础上形成的，促进着人们在意志和行动上和谐统一的向心力和凝聚力。这种民族精神，不论是在祖国顺利发展、兴旺发达的时期，还是在祖国面临生死存亡的危急关头，都在捍卫国家主权和维护民族尊严中发挥着重大的作用。在新的历史条件下，我们更要发扬光大这种精神，加强全国各族人民的团结，凝聚全国各族人民的力量，共同去实现祖国的完全统一，迎接祖国更加美好的明天。

11．发扬自强不息民族精神的重要性

自强不息就是一个民族、一个国家以及每一个实践主体充分发挥主观能动性、自觉性，积极向上，勇往直前，奋发图强。这种精神是中国传统文化的精华，也是中华民族精神的精华，自古以来就受到广大有识之士的重视和倡导。这种自强不息的精神是中华民族精神的脊梁，影响着整个民族文化和精神活动的走向，无论是过去、现在和将来，它都是我们国家和民族屹立于世界民族之林的精神动力。

12．怎样进行职业道德建设

职业道德是所有从业人员在职业活动中应该遵循的行为准则，涵盖了从业人员与服务对象、职业与教师、职业与职业之间的关系。随

着现代社会分工的发展和专业化程度的增强，市场竞争日益激烈，整个社会对从业人员职业观念、职业态度、职业技能、职业纪律和职业作风的要求越来越高。在新的历史条件下，加强职业道德建设，全面提高教师道德素质，是当前认真贯彻《公民道德建设实施纲要》的重要内容，对于形成"追求高尚、激励先进"的良好社会风气，保证社会主义市场经济的健康发展，促进整个民族素质的不断提高，具有十分重要的意义。

必须培养教师树立良好的道德观念和道德意识

随着社会的发展，社会具体行业和岗位的划分越来越细，职业道德的内容越来越丰富，地位越来越重要。可以说，一个社会的文明水平，一个人的文明水平，在很大程度上取决于职业道德意识的强弱和深浅。因此，在市场经济竞争条件下，培养教师树立良好的道德观念和道德意识，对于推动整个社会的发展是十分重要的。

①引导教师养成良好的职业习惯。培养良好的职业习惯，要从培养教师的职业道德意识入手，让他们形成与本职工作相适应的职业道德观念，具备较高的道德素质，做一个好的劳动者。一个人确立相应的职业道德观念，培养起职业情感，树立职业理想，形成良好的职业习惯，使他们认识到各行各业都有着共同的利益和共同的革命目标。各项工作都是社会主义建设事业不可缺少的组成部分，各种分工都是社会主义事业的需要，在每一个岗位工作，都是受党和人民的信任和委托，担负着一份重要的工作，因此都应当忠于职守，热爱本职工作。

②引导教师树立全心全意为人民服务的思想。在社会主义社会，各项工作的共同目的都是为人民服务，所以为人民服务是职业道德中一致的、根本的原则。如果教师心里装有为人民服务的思想，工作上

就能主动、热情、耐心、周到，也能正视和改正自己的缺点，主动接受群众的监督。同时，也要让教师意识到：要想在本职岗位上，较好地为人民服务，必须增强职业技能。因此，要教育教师不断刻苦地学习科学文化知识，不断提高思想、业务水平和解决问题的能力，通过主动、诚实、创造性地发挥自己职业技能劳动，既满足社会需要，也满足自己的物质文化需求。

③引导教师自觉树立自律意识。不论从事什么工作，都有个职业道德问题。卖菜的短斤少两，卖粮的掺沙子，卖肉的注水，等等，都是缺乏道德意识或道德意识浅薄的表现。因此，教育使人们自觉树立自律的意识，不做坑蒙拐骗、损人利己的事，引导人们的思想行为朝着正确的方向发展。

必须强化教师享有高尚的道德教育和道德实践

教师的道德教育和道德实践是相辅相承，相互结合的。以活动为载体，吸引教师广泛参与，是新形势下教师道德教育和实践的有效途径。教育的目的在于提高教师素质，在提高教师素质的同时，结合本行业特点，运用多种形式和手段，紧紧抓住影响人们道德观念形成和发展的重要环节，通过开展各项活动，坚持不懈地对教师进行思想道德教育，使之懂得什么是对的，什么是错误的；什么可以做，什么不可以做；什么是必须提倡的，什么是坚决反对的。使人们在自觉参与中思想感情得到熏陶，精神生活得到充实，道德境界得到升华。

①要开展创建文明行业活动。党的十四届六中全会指出：要以服务人民、奉献社会为宗旨，开展创建文明行业活动。服务人民、奉献社会，既是坚持党的全心全意为人民服务的具体体现，也是坚持社会主义道德原则的必然要求。实践证明，开展创建文明行业活动，对

于提高教师道德素质，促进学校发展，有着不可估量的作用。

②要开展职业道德教育。职业道德是职业行为所应遵循的基本规范。开展职业道德教育，要以为人民服务为核心，集体主义为原则，"五爱"为基本要求，"三德"为主要内容。要有计划，有重点、有针对性地抓好道德教育，并要把职业道德教育作为岗前和岗位培训的重要内容，帮助从业人员熟悉和了解与本职工作相关的道德规范，使教师树立正确的价值观和道德观。

③要推行优质规范服务活动。优质规范服务是创建文明行业的基本内容。它是规范服务的约束而起作用，使教师自觉遵守规章制度、行为准则，促进优质规范服务活动的开展。

④要纠正行业不正之风。纠正行业不正之风是加强教师职业道德建设的重点，通过纠正行业不正之风，来提高教师的职业道德。目前，一些学校在整顿行业作风时，虽然对犯错误的教师确实做了惩罚有的清除了队伍、有的记大过、有的留党查看、有的进行经济处罚，但是，刹风整纪，还必须着眼于教育，立足于防范，实行纠建并举，标本兼治，针对突出的问题，开展经常性的行业作风整顿，不搞形式主义，从根本上提高广大教师干部的职业道德水准，建立适应行业特点的监督制约机制和激励机制，筑起一道阻止行业不正之风滋长漫延的思想道德防线，把教师的思想道德建设落到实处。

必须加强对教师职业道德的领导和重视

《公民道德建设实施纲要》中指出："充分认识新形势下加强公民道德建设的重要性、艰巨性、长期性和紧迫性，把它作为一项十分重要的工作，放在突出的位置，提供有利条件，下决心狠狠地抓。"这充分说明了党中央、国务院对公民道德建设的决心和信心。

领导干部的思想道德建设在道德体系中处于主导地位，在很大程度上反映和直接影响整个社会的道德发展水平。因此，各级领导干部要做职业道德建设的表率，带头落实"三个代表"重要思想和"以德治国"的基本方略，坚定理想信念，执行职业道德规范和有关规章制度，认真解决思想作风、领导作风、工作作风、学风和生活作风上存在的问题，以领导干部的人格魅力和模范行动，影响和带动教师群众，推动职业道德建设不断深入和职业道德建设目标任务的实现。

大众传媒、文学艺术以及体育活动、社区建设对每一个人的道德建设都有着特殊的渗透力和影响力。因此，企事业单位领导要舍得投入，营造有利于教师道德建设的氛围。

总之，教师职业道德的教育和实践，是一项关系中华民族综合素质的重要工程，要坚持不懈地开展下去，以此落实"以德治国"的思想，使之成为现代化建设的强大动力。

13. 强化职业道德实践应注意什么问题

职业道德是人们在职业活动中遵循的行为准则，涵盖了从业人员与服务对象、职业与教师、职业与职业之间的关系，是建立社会主义思想道德体系的重要内容。党的十六大报告提出要加强社会公德、职业道德和家庭美德教育。要加强职业道德建设，应该抓住为人民服务这一核心，抓住实践这一关键，通过领导干部和先进典型的示范引导，逐步提高广大教师的职业道德水平。

①为学生服务是核心。在社会主义社会，每项工作都是为了满足人民的物质文化生活需要，都是为建设社会主义的总目标服务的。职业道德以为学生服务为核心，这是社会主义职业道德区别于其他社会职业道德的本质特征，是社会主义职业道德的精髓。社会主义职业

道德所提出的一系列规范，都与为学生服务相联系，是这一要求在有关方面的具体体现。没有全心全意为学生服务的世界观、人生观、价值观，就不可能有崇高的职业理想、良好的职业态度和强烈的职业责任心。在发展社会主义市场经济条件下，为学生服务与社会主义市场经济具有内在统一性。因此，要继续大力倡导为学生服务的道德观，不断探索有效形式，使广大教师树立正确的世界观、人生观、价值观，在本职岗位上通过不同途径为学生服务，为社会作贡献。

②道德实践是关键。道德本身具有很强的实践性，它不是空洞的口号，必须落实在具体行动中。职业道德更是如此，要抓住实践这一关键，使广大教师在具体的工作岗位上体现自己的职业理想、职业态度和职业责任心，爱岗敬业、诚实守信、办事公道、服务群众、奉献社会，努力达到职业道德的知行统一。各行各业都应建立本行业的职业道德规范，并以教师喜闻乐见的形式，广泛开展职业道德评价、文明岗位竞赛等活动，使从业人员与服务对象、职业与教师、职业与职业在职业道德方面形成良性的互动关系，使广大教师在实践中接受教育，不断提升自身的职业道德境界。

③先进典型是示范。职业精神文明属于思想精神文明范畴，应通过先进典型的示范引导，逐步激发广大教师的职业道德感。

加强领导干部的示范引导作用。一个单位的职业道德如何，在很大程度上取决于领导干部是否以身作则。"其身正，不令而行；其身不正，虽令不从。"领导干部不但是职业精神文明的倡导者、组织者，更是实践者，只有以德树威，以德服人，发挥道德示范作用，才能使职业道德建设产生强大的号召力，收到良好的效果。

加强先进典型的示范引导作用。先进人物的思想、行为具有代表性，总结宣传职业道德的先进典型，为广大教师树立职业道德的榜样，可以使抽象的道德原则、道德要求具体化、生动化，产生巨大的感染力，促进职业道德建设的健康发展。

④充分发挥先进典型在道德建设中的示范引导作用，是被实践证明了的行之有效的方法。要善于发现和宣传那些来自于广大教师之中的先进典型，总结宣传他们的先进模范事迹，让广大教师感到可敬、可信、可学。

第六章

职业素质培养

1. 教师应具有的职业素质

教师的职业素质是教师做好教育工作的前提。教育不仅具有生产力等经济功能和价值,而且这种价值和功能要与人的精神世界的丰富、道德品质的提高、人与自然的和谐、人文精神的培养相协调。针对这一客观事实,教师的职能应该做出相应的改变,由封闭式的教学改为指导学生"开放式学习"。教师应树立以"学生的发展为本"的教育观念,建立完全平等的新型师生关系。从教师所承担的任务和劳动特点来看,作为一个合格的人民教师必须具备以下素质。

职业道德素质

思想品德修养是衡量一个合格人民教师的重要标志,是教师职业道德的重要表现。这方面要求教师要具备较好的政治素质和政治修养,要具有坚定正确的政治方向。

政治素质是教师的精神支柱,它决定着教师职业活动的方向。教师是人类灵魂的工程师,肩负培养年轻一代的重任,教师自身的政治素质直接影响到学生的政治认识和态度。教师必须具有坚定正确的政治方向,拥护党的领导,坚决走社会主义道路,自觉地学习马克思主义,树立辩证唯物主义世界观,在思想上和行为上始终与党中央保持一致。

教师的政治素质制约着教师的道德修养,是教师职业道德素质形成的基础。教师的职业道德应包括以下几方面。

(1)忠诚于人民的教育事业

热爱教育事业,忠于人民的教育事业,富有献身精神,是教师主要的教育素质。一个教师不热爱教育事业,不愿从事教育工作为培养年轻一代献身,他就不会做好本职工作,不能成为一名合格的教师。

忠于人民的教育事业，甘为人梯，这是教师神圣的职责，体现了全心全意为人民服务的高尚品德和无私的精神境界。正是因为教师把全部心血灌注在培养下一代上，才博得人民的爱戴，人们用园丁、红烛、人梯、渡船等来比喻教师的献身教育事业的崇高品德。

（2）热爱学生

热爱学生是教师教育好学生的重要前提。很难想象一个对学生缺乏爱的教师能够尽职尽责地把他们教育好。教师对学生的爱，不完全出自对学生的个人情感，而是对祖国教育事业热爱的体现。教师热爱学生只有与对学生的严格要求相结合，才能真正做到热爱学生，诲人不倦。

（3）集体协作的精神

虽然教师工作具有主体性和间接性的特点，完成教育任务主要靠教师个人的素质和示范作用，但是一个学生的成长，并不是某一教师工作的结果，而是教师集体共同努力的结果。这也要求在教育过程中要发挥集体协作精神，团结其他教师共同搞好工作。

（4）严格要求自己，为人师表

教师的劳动具有很大的示范性。教师的言行就是教育学生的重要因素。学生要从教师身上寻找自己的行为规范。严于律己，为人师表，是对教师职业的要求。教师应该在各方面成为学生的表率，同时严格要求自己，以身作则，也是搞好教师协作，完成教育任务的条件。

（5）具有可持续发展的人格

首先，终身教育的提出，要求教师把自身知识的更新视为一种责任，使"终身学习"内化为教师的自觉行为。

其次，学生正处于人格塑造时期，社会文化中的价值取向、理想和信仰、道德情操、审美情趣等都会从教师的角色文化中折射出来，并通过他"映照"在学生的人格世界中，作为教师的言传身教，决定其人格对学生人格的形成有"润物细无声"的功效。这就要求教师按社会的道德原则和规范去塑造自我，实现"超越自我"。

（6）教师思想观念的更新

到了信息时代，学生获得教育信息的渠道是多元化的。有时学生获得的信息可能比教师快，比教师多，教师在学生面前没有了绝对的权威，这是教师在心理上要接受的第一个事实。

现代教学理论认为，在教育过程中，教师将扮演着多种角色，从多方面影响着学生的发展，教师不仅是知识的传递者，还是学生的榜样，集体的领导者，人际关系的艺术家，心理治疗工作者，学者和学习者，以及学生的朋友和知己。在教学过程中，教师是主导，学生是主体，教学活动是在师生双方的相互作用下共同完成的。学生的主体作用只有在教师的主导作用下才能得以发挥，而教师的主导作用必须建立在学生的主体作用之上。

只有当师生之间互相作用，学生的能动性、自主性和创造性才能得以激发和培养，学生才能获得充分的发展，因此在课堂教学中，教师与学生是合作伙伴的关系。教师是组建者，引导者，解惑者。教师与学生在人格上是平等的，这是教师在心理上要接受的第二个事实。

教师要认识到在未来社会中，获取知识的能力比获取知识本身更重要，获取信息的方法比获取信息本身更关键。教师给学生的应该是方法库，工具库。培养内容应侧重使学生学会学习的方法，指导学生改进学习方式，使之具备自我获取知识与更新知识的能力，而不强调直接教给学生大量的知识，并确保有较高的教学质量与教学效率，以便与"知识爆炸"和知识迅速更新换代的发展趋势相适应。

教学模式应是知识，素质，创新能力的三维教学模式，包括课程设置、课程目标、课程内容等，都将致力于根据学生的不同志趣、能力特征以及未来职业需求和发展需要，向他们提供侧重于不同方面的学习内容和实践活动。

知识素质

知识素质是从事教育工作必备的前提条件。教师是知识的传递者，他不仅要占有较多的知识量，而且还应具有合理的知识结构。教师的知识素质包括以下几点。

（1）比较系统的马克思列宁主义理论修养

马克思列宁主义理论是指导一切工作的思想基础。教师必须努力学习马克思列宁主义，树立科学的世界观，并能运用马克思列宁主义思想武器，分析客观事物，做出正确判断，明确前进的目标，指导自己的行动。教师必须具备比较系统的马克思列宁主义理论修养，不仅是自身工作的指导思想，也有利于教育学生，是形成学生的科学世界观基础。

（2）精深的专业知识

掌握某方面的专业知识，是教师和其他脑力劳动者共同具有的特点。不同的是教师的专业知识主要是用于把它转化为学生的主观认识，而不是主要用于对客观现实的改造。教师以知识育人，必须做到"学有专长，术有专攻"，精通某一学科，并掌握相关专业的某些知识，有较丰富、较全面的专业知识储备。专业知识达到精深的程度，意味着教师不仅掌握了专业的知识量，为讲授某一学科打下基础，还了解学科的基本结构、知识体系和相关知识的内在联系，掌握专业的最新研究成果和发展的基本趋势，自己对这一专业也有所研究和创新。参加继续教育学习或一些培训班的学习，提高自己的专业理论水平。

通过报刊、书籍、信息技术等搜集有关的教育教学资料，充实

127

自己的实践知识。这样才能更好地把自己的专业知识转化为学生的知识和认识，并能引导他们深入理解，解决一些实际问题。

（3）广博的文化基础知识

教师应具备宽厚的基础知识和现代信息素质，形成多层次、多元化的知识结构；有开阔的视野，善于分析综合信息，有创新的教学模式，创新的教学方法，灵活的教学内容选择。知识整体的积累与发展，反映在知识的各个领域，包括在相互联系中发展，形成一个有机的知识总体。在这个知识总体中，那些基础性的知识具有很大的稳定性，是掌握知识整体和发展的关键。中小学要求学生掌握的是文化科学基础知识，而不是知识的全部。教师也必须具备这些文化科学基础知识，而且要注意到知识的广泛性和综合性，同时在知识量上必须大于学生。

要给学生"一杯水"，教师必须具备"一桶水"，而且这"一桶水"在质量上要高于学生，能满足学生学习的要求和解决学生提出的各种问题。这就对教师提出了更高的要求，要求教师是一个博学多才、知识丰富的人。

（4）必备的教育科学知识

教育科学知识包括教育学、心理学及各科教材教法等方面的知识。随着社会的发展，教师所面对的学生也会更加复杂化，这就要求教师必须不断学习心理学和教育学，能够以新的教育理论来支撑自己的教学工作。丰富的教育科学知识有助于使教师了解和掌握教育规律，依据规律做好教育工作，提高工作的自觉性，减少盲目性和随意性。

教育科学知识是教师必备的知识，它是教师合格的重要标志和条件。对于没有接受过师范教育的教师，国家规定必须补充学习教育科学知识，取得合格证书后，才可以从事教师工作。在教育科学理论的指导下，教师能洞察教育全局，了解学生的特点与内心世界，提高教育与教学能力，有效地完成教育与教学任务。

能力素质

能力是人们有效地完成一定活动的本领或心理特征。能力总是和活动联系在一起的，其又是知识与经验在实践中的体现。一个教师只有广博精深的知识，并不一定能做好本职工作，还必须具备与之相应的能力。教师的能力受教育对象和教育内容的制约，因此教师的能力结构应包括下述几个方面。

（1）组织教育和教学的能力

教育和教学的组织能力包括对教材和各种影响因素的加工能力及其传导能力。教师所具备的知识或教材内容，一般只是一种存储状态的知识，存于教师头脑中或书本中，这些需要教师再加工，使之成为学生能够接受和乐于接受的传输状态。

传导能力，即组织教育与教学过程的能力，这是教师业务能力的集中表现。教师在教学过程中，要能系统地讲授教材，灵活运用各种方法，调动学生的主动性、积极性，观察学生的细微变化，及时调整教学进度，抓住难点，做到因材施教。

（2）语言表达能力

语言是教师进行教育和教学的重要手段。讲授知识、开导学生都离不开语言。教师的语言表达能力，直接关系教师主导作用的发挥，也影响学生语言和思维的发展。正确掌握并熟练、规范地运用语言，是执教的基础条件。而高超的语言艺术是提高教学质量、取得教学成功的重要一环。

对教师语言表达能力的要求有四方面：

①准确、简练，具有科学性；

②流畅、明快，具有逻辑性；

③活泼、生动，具有启发性；

④语言手势与板书有机结合，或辅以其他非语言手段，深化语言的内涵，充分显示出教学的艺术性。

（3）组织管理能力

教师在教育教学工作中面对的不是单个的或少数的学生，而是一个学生集体，在集体中进行共同的教育或教学。不论是上课还是建立一个班集体，都需要教师具有较强的组织管理能力，能够做到因时、因地、因人、因事地解决学生集体活动中的问题。

课堂教学中有一重要结构，就是"组织教学"，这是上课能够顺利进行的保证。有经验和能力的教师不仅在课程的开始让学生做好一切心理上的准备，专心听讲，而且把组织工作贯穿始终，使教学工作的任务顺利完成。班主任在组织培养班集体时，更需要这种组织管理能力，使班集体在成长过程中有明确目标，有纪律要求，充分发挥班干部的作用，有计划地组织各种活动。

（4）自我调控能力

自我调控能力是要求教师不管遇到什么情况，都能正确对待，控制自己的情绪，顺利完成教育教学任务。教师的工作是复杂的，因为学生在成长过程中，会经常出现一些意想不到的问题，有的问题甚至严重地伤害了教师的尊严。在这种情况下，教师必须冷静，及时调整自己的情绪，发挥教育机智，耐心地坚持正面教育，因势利导，化解矛盾。这不仅无损于教师的威信，反而更增强了教师的威信，使教师掌握了主动权。

教师的自控能力，是教师政治素质、道德修养、业务能力的集中表现。教师要加强这方面的修养，克服急躁情绪，一切从教育目的出发，搞好本职工作。

（5）使用现代教育技术的能力

随着现代教育技术的不断发展，多媒体计算机辅助教学将进入课堂。这就要求教师掌握计算机使用方法，助教要能提出好的脚本，能使用常见的数学教学软件解决教学中的重难点，能评价课件的好坏，能选择好的课件，能在网络上获取教学中所需的信息资料。教师要能为培养学生的探索精神和创造意识提供丰富多彩的教育环境和有力的学习工具，提高学生的学习效率。

（6）因材施教的能力

教师不仅要研究教法，还要研究学法。从学生学习的认识理论的角度去分析学生的特点，激发学生的学习兴趣，使每个学生的学习都有进步。

2．提高教师专业素养的方法

教师队伍建设对于教育事业的发展起着举足轻重的作用。就学校而言，教师是学校主动发展的第一资源和核心要素，切实加强教师队伍建设，是立校之本，兴校之源。

突出重点

以激发广大教师教书育人的积极性为出发点，以加强师德师风建设、校本培训和骨干培训为重点，创新机制，优化结构，提高质量，努力建设一支结构合理、师德高尚、学识底蕴较为深厚、具有现代教育教学素养的师资队伍。

（1）建设持久弥新的师魂工程

切实加强教师职业理想和职业道德教育，增强广大教师教书育人的责任感和使命感，使广大教师真正做到教书育人、为人师表、关爱学生、严谨笃学。

（2）搭建与时俱进的发展舞台

一是研训平台成就专业教师。系统拟定教师专业发展规划，坚持以校为本、注重实效的原则，着力架构"换脑子、结对子、架梯子、压担子"的模式，促进集中培训、远程培训和校本培训的有机结合，切实提高培训效益。

二是青蓝工程引领新秀成长。通过双向选择，让经验丰富的教师与青年教师结成"师徒对子"，为青年教师的成名成家架设台阶，创设舞台。

三是创新形式锤炼骨干栋梁。遵循骨干教师的成长规律，以全面提高骨干教师实施素质教育能力和专业化水平为导向，对骨干教师委以教育教学重任，着力培养德才兼备的"科研型、学者型"的学科教学"领跑者"。

优化方法

学校应制定与国家、市级教育部门接轨的、系统而有层次的教师专业成长培养方案，促进教师专业化发展。

（1）专业引领，提升教育教学品位

学校一方面可以邀请教育教学专家为广大教师作专题报告，讲授教育教学的方法和艺术，另一方面可以邀请课堂教学的名师来校上示范课，在与名师的零距离互动中，深刻感悟提高课堂教学效益的真谛，有效提升广大教师的课堂教学水平。

（2）同伴互助，实现专业引领专业

真正发挥备课组的作用，认真落实备课组的集备活动。抓好常规教研活动，通过开课、听课和评课提高广大教师的实际教学水平。

定期组织开展沙龙活动，围绕学校教育教学中的热点、重点、难点等问题，组织教师各抒己见，切实起到相互借鉴，互相学习，共同提高的作用。

（3）教学相长，促进教学走向双赢

教师专业水平的提高，离不开自己的教育对象——学生。在现实的教育教学中，教师应主动征求学生对自己阶段教育教学工作的意见和建议，结合自我反思进行深刻剖析，吸纳学生的合理化建议，以更好地促进和提高自己的教育教学水平，在教育教学中更好地为学而教、以学定教。

多元推进

要加强教师队伍建设，就要拓宽培训渠道，更新培训内容，创新培训方式，要多方位进行推进，切实有效地提高培训质量。

（1）抓好常态教研

学校的常态教研工作有备课组的集备活动和教研组组织的常态教研活动等，是加强教师队伍建设的基础性工作，不仅不能放弃，还要务实创新。

（2）重视教育科研

学校在推进教师队伍建设中，要重视教育科研的作用，选择学校教育教学中的实际问题作为研究课题，发动教师进行课题研究。课题研究不仅提高了教师的学习反思能力，探究归纳能力和尝试创新能力，还促进了教师实际课堂教学能力的提高。

（3）充分利用网络

我校利用校园网推出"漫品书香"和"话题讨论"等栏目，通过"漫品书香"定期向教师推出教育教学方面的书籍和文章，供教师学习和赏鉴；通过"话题讨论"栏目，每两周推出有关教育教学方法的三四个话题，让教师参与讨论，及时跟帖，发表意见，引发教师去学习、思考。

（4）开展学生评教

每学年期中后发动全校学生开展评教活动，对每位教师的师德和课堂教学等诸多方面进行多元评价，并把学生评教的意见经统计后反馈给每位教师，让教师从学生那里知道自己教育教学中的亮点和不足。

（5）落实绩效考核

义务教育阶段绩效工资的实施，大大提高了教师的待遇，促进了教师的队伍建设，学校可以制订好奖励方案，充分利用奖励性绩效工资的实施激励教师在教育教学中自觉学习、勤奋工作，提升自我，再创佳绩。

3. 英语教师职业素质的要求

要具备良好的思想道德素质

师德是教师最基本的，也是最重要的素质，要想成功地对学生进行素质教育，教师就要加强自身的道德修养，使之成为学生的表率。因为师德在整个教师素质中处于统帅地位，是灵魂。教师的品德对学生具有潜移默化的作用，所以教师注重自身的道德修养，作风正派，情趣高雅，胸襟宽广，学生就会由尊敬、爱戴老师并发自内心地接受教育，进而内化为自身的知识能力和觉悟，这正是素质教育所要求的。

要具有较强的业务素质

中学英语教师的业务素质主要体现以下几个方面。

（1）完善的知识结构

首先，英语教师要具备合格的英语水平，它包括标准的语音知识，规范、系统的语法知识，比较大的词汇量和符合英语表达习惯的语言使用知识。

其次，英语教师要有丰富的文化知识，这对教好新教材，提高学生语言能力都是重要的，因为语言是思维的外壳，所以思维在很大程度上受到文化的影响。

最后，英语教师要有一定的教育学、心理学和英语教育法知识。虽然师范院校都已开设过这些课程，但师范生往往不重视它们，或因为没有实践经验而没能学好它们。教师要经常学习中外教育历史，特别是英语教学法，了解各种流派及其发展，取其之长，补己之短，逐步形成自己的教学风格。

教师的知识不是一蹴而就或单纯的学历达标就够了的，是需要不断地学习、长期的积累，是一个永不停止的过程。教师必须养成学习的习惯，只有使自己的知识不断更新、进步才能跟得上时代的发展。只有不断充实丰富自己，不断吸收创造，才能获得人生和职业的成功与欢乐。

（2）较强的教学能力

①语言表达能力

作为语言教师，中学英语教师应具备较强的英、汉两种语言的口头和书面表达能力。语言力求生动、准确、逻辑性强，并富有哲理性和幽默感。声音适度、悦耳。

②课堂组织教学能力

教师是课堂教学的组织者，教师应善于驾驭课堂，处理好教与学的双边活动，合理分配使用课堂教学时间，科学地分配知识的密度、广度、深度，重点突出，讲练得当。要善于鼓动、感染学生，使课堂教学在和谐、轻松的氛围中进行。另外，要适时激励学生，让学生保持强烈的参与欲和旺盛的求知欲。

③处理教材的能力

教师应熟悉大纲要求，全面了解教材的重点、难点和学生能力培养目标。能根据不同的教学内容和要求，设计切实、有效、灵活多样的教学方法，优化课堂教学环节，提高课堂教学效率。

④运用多媒体教学手段的能力

英语语言课属实践课，实践课的重要标志就是它的操作性、操练性。因此，教师必须熟练掌握先进的教学辅助仪器、设备。如：收音机、幻灯机、投影仪、VCD、电脑等相关设备，充分发挥多媒体在英语教学的直观作用，为学生在一定情景下的语言交际的操练、语言能力的养成提供最佳的外部环境。

⑤学法指导能力

教师的任务是教学生学习，即帮助他们获取知识、技能。因此，教师应根据中学生的认知特点，加强对学生的学习方法、学习心理的研究，充分预估学生在学习新知识过程中可能遇到的各种问题。帮助学生，尤其是差生克服学习中遇到的障碍，其中包括心理上的障碍，教给学生以正确、有效的学习方法，帮助学生顺利地完成学习任务。

⑥组织第二课堂的能力

第二课堂是课堂教学的延伸和补充，教师应结合学生身心特点，有机地结合教学，设计、组织、指导学生开展丰富多彩的课外活动。例如：教唱英文歌曲，组织观看或表演英文短剧，观看英文电视节目，举行朗诵、演讲比赛，安排课外阅读，等等。这些活动会引起学生的学习兴趣，对开发学生的智力、培养学生的自学能力和实际运用英语的能力起着潜移默化的作用。

⑦对学生学习情况的考核能力

中学英语教师应能设计出科学性强、反映教学实际、体现学生能力的质量较高的练习题 能有针对性地对所教的知识进行系统考核，并能有效地控制题目的难度、区分度，提高试题的效度；能恰当地运用统计学原理对考核结果进行量化分析，找出教学中的不足之处，对知识的疏漏要适时追加纠正措施，不断改进教学方法，提高教学效果。

（3）教学科研能力

中学英语教师应注重教学的研究。只顾埋头教书，不搞教研的教师不会成为一名成功的教师。因此，教师应能根据教学实际，确定具有可行性的科研专题和教改实验专题，善于总结教学的成功和不足之处，形成理论经验。另外，教师应及时了解国内外教改信息，开展与校外同行的学术交流，了解英语语言教学的最新动态，吸取先进的教学经验，开阔视野，不断丰富自己的业务知识，改进、提高实际教育教学水平。

要有健康的身体素质

教师的身体素质是其他各项素质的基础。"身体是革命的本钱"，教师的劳动是一种艰巨而繁重的脑力劳动，特定的生活环境和工作特点，需要教师消耗大量的体力和脑力。教师如果没有良好的生活习惯，就难有健康的体格，难以胜任教育教学工作。教师身体素质的修养，除了住房等工作环境生活条件的改善，工资待遇和福利的提高，主要还是靠科学用脑，劳逸结合，最重要的是坚持不懈地进行体育锻炼，有效地防止疾病的发生，掌握丰富的卫生保健知识，使自己具有旺盛的精力和健康的体魄。

要有健康的心理素质

作为教师修身养性、人格修养不可缺少的是教师本人的心理健康。

137

心理不健康的教师不仅使自身烦恼无穷，还会给他人带来遗憾。要培养出心理健康的学生，教师就要有健康的心理。教师还要有宽阔的胸怀，学生成长中都有过无知和过错，需要教师克服心理偏见，容忍学生的无知，宽容学生的过错，严格地要求和真诚地爱护每一位学生。

要有稳定的情绪，就要经得起挫折、磨难，决不允许将个人的不幸转嫁给学生，将自己的私怨发泄给学生，将自己的喜怒哀乐迁怒于学生。任何不稳定的情绪，都会做出非正常反应和行为，影响学生的心理健康。因此，教师要保持乐观的心理，不断追求事业的成就，以"教不出超过自己的学生不是好老师"自勉。

总之，素质教育是我国基础教育领域的一场深刻变革，是培养新世纪人才的重大战略举措。这就要求我们战斗在教育第一线的教师，树立正确的素质教育观、质量观、人才观，具备高尚的师德、广博的知识、健全的体魄、良好的心理素质。以教师为主导，让学生学会做人，学会求知，学会健体，学会审美，学会劳动，德、智、体、美、劳五育并举。在高素质教师的培养教育下，提高全体学生的整体素质，为"四体"培养出高素质的建设人才。

4. 政治教师应具备的素质

素质教育在当前深化教育改革、全面推进素质教育的新形势下，中学思想政治课教学已面临严峻的挑战。过去那些成人化、形式化、灌输式的教育模式已不再适应当代中学生的特点。这就要求政治教师必须不断提高自身素质，切实转变教育观念，改变传统的教育模式和方法，建立一种对话式、融合式、交互式的教育模式，共同营造新时代教育的新天地。当前对政治教师的素质提出了以下新要求。

要有较强的思想政治素质

政治素质是指政治方向、政治立场、政治敏锐性、理论水平和思想作风的总和，教师自身政治素质的高低决定其本身整体素质与作用发挥的程度。素质教育要求培养学生有良好的思想素质，每一个教育工作者都应对学生的思想政治素质负责，作为政治教师更应具备较强的政治素质，明确自己的教育责任，树立"教书育人、育人重于教书"的思想。

首先，要有坚定正确的政治方向，坚定不移的政治立场，牢记党的宗旨，从思想上、政治上、行动上与党中央保持一致。

其次，要有明确的教育方向，忠诚于党的教育事业，认真执行党的教育方针。

最后，政治教师要用先进科学的理论武装自己的头脑，要有较高的思想政治理论水平，具有高尚的社会主义道德和正确的世界观、人生观、价值观。

另外，还要有较强的政治鉴别力和政治敏锐性，以及强烈的使命感和敬业精神，要有脚踏实地、勤于治学的思想作风，达到"人师"和"经师"的合一。

人们常说"教师是人类灵魂的工程师"，而政治教师在塑造学生"灵魂"中更具特殊作用，担当着培养学生用马克思主义的立场、观点、方法认识事物，分析问题并提高其觉悟的重任。作为学生思想的引路人，如果自身在大是大非面前没有正确的立场、鲜明的观点，就会给学生带来误导。

因此，作为一名政治教师，必须对马克思主义政治经济学进行分析研究，用科学的思维方法和理论知识武装头脑，用广博的知识和深邃的洞察力唤起学生的学习兴趣和对真理的追求。

要有优良的道德素质

教师道德素质是教师修养中具有决定意义的成分，是素质教育的关键。"身正为范"，教师只有具备良好的道德修养，才能有力地说服学生，感染学生。教育家加里宁曾说："教师的世界观，他的品行，他的生活，他对每一现象的态度，都这样或那样地影响着学生。"教师道德素质对学生起着耳濡目染的示范作用，政治教师更要具备为人师表、爱岗敬业的道德情操。

只有具备了这种美德，教师才能真正热爱教育事业，在社会生活和教学工作中"美其德，慎其行"，不仅教给学生丰富的知识，而且以自己的模范品格、严谨教风引导学生学会做人的道理。只有具备了这种美德，教师才能改变"惟师为尊""惟师为是""惟训为不"的思想观念，积极创设民主、平等、和谐、亲密的师生关系，也才能使学生把教师当成自己的良师益友，共同探究问题的伙伴，从而"亲其师，信其道"。

要有扎实的专业知识

"学高为师"，教师作为人类科学知识和智慧文明的传播者，要知道的东西应大大超过他要教给学生的范围，教师占有的知识与给予学生知识之间的关系，不再是"一桶水"和"一碗水"之间的关系，而应是"大河水"和"小河水"的关系，只有"大河"源源不断地注水，才能保证"小河水"的充盈。或者说，教师的职业决定了教师应系统、全面、扎实地掌握专业知识。

为此，中学政治教师必须认真钻研业务，不断提高自身的专业理论知识，能够探索出新形势下思想政治课的教学方法和教学艺术，同时还要具有时代意识，不断吸收新的东西，以适应未来社会发展的需要。

教师只有在教学中做到举一反三，游刃有余，才能轻松地驾驭课堂，使学生在愉快的课堂环境中学习，出色地完成教学任务。只有不断地学习新知识以充实自我，完善自我，时刻保持精益求精的态度，才能胜任教师这一神圣的职责。

要有过硬的心理素质

心理素质是指心理承受能力和社会适应能力，它是人的全面素质中的重要组成部分。作为教育的主要实践者，教师既要开启学生的心智，又要培植他们的心灵。教师承担着帮助青少年身心健康发展，尤其是学生精神上诸如情感、意志、思维等心理健康的重任。"要为别人播洒阳光，自己心里必须先有阳光。"教师首先要具有健康的心理素质，教师具备良好心理素质，将会对学生心灵产生其他教育手段无法代替的影响。

在现阶段，部分人对政治教师和政治课教学存在着偏见、误解，更要求教师要敢于面对现实，树立坚定的信念，相信自己的工作有意义、有价值、有生命力，荣辱不惊，处变不惊，保持良好的心态和旺盛的斗志，以正确的理论去说服、教育学生，以满腔的热情去感化学生。教师过硬的心理素质不仅是一种教育才能，也会作为一种巨大的教育力量潜移默化地影响学生的人格。

要有勇于开拓创新的精神

"创新是一个民族进步的灵魂，是一个国家兴旺发达的不竭动力。"时代呼唤创新型人才，寄希望于青少年。要培养学生的创新精神和能力，教师必须具备创新精神，并在培养学生创新精神和创新能力方面起主导作用。

中学政治教师在教学工作中要进行创造性劳动，要打破"师道尊严"的旧观念，勤于思考，敢于创新，积极改进教学方法，探索新路子、新经验，在学习借鉴的基础上有所发展、有所突破、有所创造，形成自己的育人风格。同时，要努力引导学生在课堂上积极思维，大胆发言，鼓励学生提出不同观点，多给予学生肯定和鼓励，要善于引导学生多角度、多层面地观察和思考问题，提出自己独特的见解，以培养思维的独创性。

实践证明，注入时代信息是让学生感受到"这个学科值得学习"的有效方法。从政治课的特点看，注入时代信息是理论联系实际原则和方法的具体体现，是政治课教学的根本要求。教师只有不断完善和培养自身的创新精神，才能使青年学生的创新能力得到充分提高，完成自身的教学任务。

总之，现代社会对人才的要求是全方位的，不但要有广博的知识，还须具备认识、分析和解决问题的能力，即要求具备综合素质。"若要学生素质好，就必须先有素质好的教师。"作为一名中学政治教师，不仅要有深厚的专业理论功底，还要具备一定的自然科学知识，做到文理兼通，使自己的知识结构形成"T"型，既有深度，又有广度。同时，还要掌握一定的教学内容，采用恰当的教学方法，使学生全员参与，并轻松愉快地完成学习任务。

5. 语文教师应具有的专业素养

想要成为一名令所有学生认可和喜欢的教师，就必须掌握尽可能多的专业知识，任何不起眼的细节都不能放过，这有可能成为学生喜欢或者讨厌你的理由。教师的专业素养，主要包括专业技术素养、专业知识素养以及专业情感素养三大方面。

专业技术素养

所有师范毕业的学生都听过这句话："学高为师，身正为范。"每一个人都觉得教师应该是学生的榜样。既然要做榜样，就要有值得学生信服的地方，而人与人之间相处，第一印象又是最为重要的，教师给学生的第一印象体现在他所具备的专业技术素养上。因此，技术素养是教师的门面，虽然细小却很重要。

（1）普通话

因为人口流动的关系，现在的学校中往往有不少来自外地的学生，作为教师，标准流利的普通话就是必备的重要条件之一。当然，作为语文教师，仅仅标准流利的普通话显然是不够的，还应能有感情地朗读各种类型的课文。在语文教学过程中，好的范读能成为沟通教师与学生思想交流的桥梁。而且，教师自己范读也能更多地获得学生的信任与欣赏，所以学好普通话对语文教师极其重要。

（2）书法

作为教师，一手漂亮的粉笔字与钢笔字也绝对是必不可少的。字是一个人的门面，尤其作为语文教师，如果写得一手漂亮的粉笔字，可以拉近与学生之间的距离，学生听课的效率也会提高；如果能在学生的作文本上留下一手漂亮的评语，就能潜移默化地影响学生，教师对学生作文的评价也一下子具有了更高的说服力，教师其他工作的开展也会变得顺利很多。另外，教师好的书法能力也可以吸引学生，让学生写出一手漂亮的字来，对学生今后的学习工作都有好处。

（3）仪容仪态

教师的精神面貌直接影响着学生，教师的仪容仪态就是最好的教科书。教师可以通过仪容仪态告诉学生，不是穿得好就是仪态好，穿着大方、举止得体才是关键。另外，亲切的笑容，礼貌的言语也能让教师在学生心目中加分。因此，作为教师应该每天笑对人生，保持一种乐观向上的精神。

专业知识素养

教师的劳动是复杂又极富创造性的，要成功地完成教学任务，就要精通所教学科的专业知识，对自己所教学科的全部内容有深入的了解。"资之深，则取之左右逢其源。"在和学生长时间的接触过程中，只有渊博的知识才能为教师换得学生长期的信任票。语文学科是一门综合性很强的学科，从传统的知识观来说，有字、词、句、篇、语法、修辞、逻辑、文学常识等；从现代知识观来说，则包括言语知识和言语行为知识。语文教师的语文知识素养主要体现在语言学、文字学、文章学、文艺学等多个方面。

（1）语言学

学习语言学概论，可以了解语言的本质、结构及其发展规律，了解语言与社会以及其它学科的关系，了解语言学的研究方法及其最新成果，了解语言学的发展趋势。懂得普通语音学，熟悉汉语的声、韵、调，掌握汉语拼音方案和普通话语音系统；了解语义学和词汇学的基本原理，通悉语义和语境的关系，掌握词的构成和组合规则，明确词的基本意义与引申意义、比喻意义之间的关系，熟知辨析词义的方法，把握词语的感情色彩，熟悉词汇的发展变化。学习古代汉语，具有较为系统的古汉语基础知识。掌握常用的文言实词和虚词，熟悉古今词义的变化，了解古汉语的句型结构，熟悉古代重要辞书的查检方法。语言学是作为语文教师要掌握的基础。

（2）文字学

学习文字学，把握文字的性质和作用，熟知文字的起源和发展规律，了解一般文字的基本原理。尤其要学好汉字学，了解汉字的起源和发展，掌握汉字的音、形、义的构成，熟悉汉字的笔画、笔顺与各种结构，掌握汉字规范，掌握查检汉字的各种方法，掌握识字法、正字法和写字法。另外，要明确标点符号是书面语言中不可缺少的组成部分，正确使用标点符号。只有掌握好文字学，教师在教学过程中才能做到准确无误。

（3）文章学

学习文章学，要了解文章学的基本理论，掌握文章本身的构成规律，熟悉文章的主旨、结构、表达方式等要素，了解它的内部联系。学习阅读学，研究文章的阅读、分析和鉴赏。掌握各种实用文章的阅读方法，熟悉各种阅读方式、明确各种阅读方式的目的和要求，研究阅读的反应过程和训练方式，懂得阅读与写作的关系。学习写作学，掌握写作的基本理论及常用文体知识，对内容与形式、素材与题材、思想与思路、语言与文风等有深刻的理解，能对中学生的写作切实而有效地指导。语文教师只有写好下水作文，才能更好地指导学生。

（4）文艺学

学习文艺学，了解文艺学的基本理论，掌握文学作品的结构规律；学习中外文学史，了解中国古代文学、现代文学和当代文学的基本内容，熟悉各个时期主要的作家与作品，涉猎世界文学宝库，对驰名中外的作家作品特色有所了解，熟悉常见的作品；学习美学，懂得一些美学知识，懂得结合语文教材的特点进行审美教育，提高对文学作品、艺术作品的分析与鉴赏能力，还应对电影、电视、戏剧、曲艺、音乐、美术知识也有所涉猎。

具有了上面的这些知识，教师在教学过程中才能时刻做到能和学生共同进退。

专业情感素养

教师是一份情感投资的职业，人非草木，孰能无情，无论面对什么样的学生，只要能放下身段，真正地关心爱护他们，就会有所回报。作为教师，爱心、耐心、宽容心都是必不可少的。

（1）爱心

每一个学生都是祖国未来的花朵，需要教师用爱心来浇灌。陶行知先生说得好："捧着一颗心来，不带半根草去。"这正是教师无私奉献爱心的典范。所有学生，无论是智商高的还是智商低的，无论是家庭条件好的还是家庭条件差的，无论是安静听话还是调皮捣蛋的，都十分需要教师的爱。教师的爱与尊重是照亮学生心灵窗户的盏盏烛光。可以毫不夸张地说，爱心是作为教师最首要的条件。有位老教师说过：一个有爱心的教师，就是一位受所有学生喜欢的好教师，你一定要成为这样的教师。

（2）耐心

在教学过程中，教师经常会遇到一些意想不到的难缠问题，而要解决这些问题就需要有足够的耐心，开导和疏通学生的心理障碍是一个漫长而复杂的过程。另外，对于后进生来说，教师的耐心也极其重要。一个学生之所以在学习上后进了，是因为以前的学习问题如雪球越滚越大，日积月累形成的，那么"化雪"过程当然也需要一定的时间。有些学生很喜欢找语文教师谈心，因为觉得语文教师心思细腻，这时，教师就绝不能辜负学生对你的期望，要耐心地为他们解决困难，他们才会更加信任你。

（3）宽容心

现在的孩子很有个性，做错事、走错路的情况也时有发生，一味的指责批评不仅不能制止他们，还会使事情越发糟糕，甚至到不可收拾的地步。所以，教师要小心地呵护每一个学生的自尊心，宽容地对待他们和他们所犯的错误，这样才会更有利于每个学生的成长。

总而言之，做一个具有专业素养的语文教师，绝不是一朝一夕之事，在平时的工作学习中，教师要不断充实自我，提高自身素质，让学生对你产生信任感，更好地开展工作。

6. 语文教师素质提升的途径

现代的初中语文教师要提升个人素质，应当从以下方面入手。

教育理念要更新到位

现在谈起理论来，教师大都能娴熟地说出诸如倡导自主、合作、探究的学习方式，突出学生的主体地位，联系学生生活实际之类的话。但真正将这些新课程的理念落实到教学实际中，却不是每个老师都能做到的。所以理念更新要落实到原生态的课堂上，做到教育理念更新到位。

首先，要走出误区，认识到"教与学"是相对的。课堂教学中没有绝对的学，教师应该在课堂上体现自己的主导地位。有人说只要学生自己乐意学，就是成功的。学生可能满意自己的活动与收获，但学生的认知水平是一个动态的过程，如果没有必要的引导，短期内会提升得很慢，学生对自己的活动的认识也就显得肤浅而少进益；如果有了高水平的引导，学生就可能在认知水平上有了质的飞跃，相应地在探究活动中也就更能大幅度提高自己的能力与水平。

其次，要充分准备，抓好预设与生成。预设与生成是大家早已熟知的话题了，其中预设要求教师在备目标、备学生、备教学案例、备方法、备内容、备反思的基础上，要有目的性、引导性、弹性与空间性，这与传统教学是不同的。在按预设好了的程序上课时，有弹性的课堂就会给学生必要的空间，而给了学生自主学习的空间才能使学生有选择学习内容的弹性和生成新知识的可能性，如果课堂内容早被老师安排满了，就没有学生生成的机会了。生成是基于每一个学生的，无论是正确的答案，还是错误的认识，它都产生于教学过程中，是最好的教学资源。

教育教学能力应提升到位

一名现代型教师必须具有以下四种能力：教育思维能力、教育技术能力、教育研究能力、教育实践能力。这些能力的培养，离不开通过学习研究、实践的过程，进而成为思维、行动乃至形成教学习惯的过程。而在课题研究中，要注意充分论证，找准研究目标，具体的研究内容与实施方法，并逐步形成较完善的可操作性强的评价体系。而没有做好这些准备，是很多课题在具体实施中流于形式、举步维艰的关键原因。

教育教学技术要使用到位

现在语义教学的当务之急，是一名教师要学会如何找准信息技术与语文课堂的整合点，也就是在常规教学实施困难而信息技术能支撑课堂更高效地进行时，而整合点的诊断的前提条件是先进行理想状态下的教学设计。

关于个人发展方面，教师要学会利用教育博客与专业网站。教育博客是多主体、跨时空、低成本、高效率的教研新途径，是常规教研之外的另一个教研的重要载体，它是师师之间、师生之间思想火花冲撞的专区，是未来教研的趋向。教师只有使用到位，才能利用博客和专业网站提高自己的教研水平，进而提高自己的教学水平。

7. 数学教师应具有的专业素养

做一名学生喜欢的数学教师，让学生喜欢上你的数学课，就应该用自身的人格魅力去吸引学生，如何才能具有吸引学生的人格魅力，是我们每一位数学教师都应该思考的问题。只有苦练基本功，提升素养，才能具有吸引学生的人格魅力。教师应该具备的基本功有以下几点。

过硬的专业知识

教师必须有扎实的专业知识，才能把学生教好。比如，作为数学教师，就应该是解题的能手，并且要能够具有帮助学生解答疑难问题的能力，否则就很难在学生中建立威信，也很难在课堂上应付自如。专业知识一般指数学教师特有的数学能力。包括以下几个方面。

（1）计算能力

主要体现在对算理的透彻理解，对运算性质、运算定律的灵活应用以及对数据、运算顺序、算式特点的巧妙处理和高度敏感，使复杂的计算变得简单，从而正确、迅速、合理、灵活地算出结果。

（2）逻辑思维能力

主要体现在教师应能用分析、综合等方法整理教材知识结构、探索和表述解题思路，增强解题能力。在学生数学概念的形成和巩固、数学规律的探索和猜想的建立中能熟练地运用分析、综合、比较、抽象、归纳、类比等方法进行教学。

（3）空间想象力

要求能从空间图形及某些条件分析中图形中点、线、面、体之间的关系，能画出实物、模型的直观图，能根据一段文字的描述想象出几何形体，并能准确地画出某些几何形体的直观图。

（4）运用数学知识解决实际问题的能力

数学教师不仅要具有运用数学知识解决实际问题的能力，还要通过各种教学实践活动或解答日常生活中的问题，来培养学生运用数学知识解决间的实际问题的能力，所以教师要善于从生产或日常生活中发现编制应用题的题材，也要掌握各种数学思想方法，提高解题能力。

但是，仅仅精通本专业的知识是远远不够的，因为知识之间是相互联系的，只有广博，才有精深。所以，教师在掌握数学专业知识的同时，也要博览群书，即要有渊博的知识。所以作为数学教师不仅要多看一些专业方面的书籍，还要多看一些提升素养的书籍，来丰富自身的人格魅力。

钻研教材、处理教材的能力

如果要上好每一节课，那么教师在备课的过程中，对教材就不能停留在一般了解的水平上，而是要认真钻研教材。明确要解决什么问题，达到什么目的？弄清这部分内容在数学教学中的地位、作用，与已学内容的联系、区别，以及与以后要学习的知识的关系，考虑采取哪些措施解决这些问题。教学中一定要把握重点、难点。

钻研教材、处理教材的另一个方面就是精心选编练习。如果认为教材中配备的练习不合适，就要自己选编练习。一定要克服在布置作业上的随意性，因为那样等于是在浪费学生的时间。一个优秀的数学教师，就应该具有根据教材灵活组织练习题的能力，哪些知识学生掌握起来有困难，可以突出重点难点，让学生多练习练习，帮助学生对知识的进一步巩固掌握。

能调控课堂教学

虽然课堂教学包括"教"与"学"两个方面，但是课堂教学是否成功，其关键还在于教师对课堂的调控能力。一个教师是否成熟关键是看他能否驾驭课堂。一个新教师在课堂上，他考虑最多的是自己怎么"教"，生怕自己讲错了、讲漏了。而成熟的教师在课堂上，考虑更多的则是学生怎样"学"，不仅能熟练地组织教学，圆满地完成教学任务，还能恰当地调控课堂的情绪，不失时机地调动学生的积极性，让学生能够积极的投入整个教学活动中，相信一定会取得不错的教学效果的。

良好的语言表达能力

听课是学生获取知识的主要途径，因此教师在叙述数学概念或进行逻辑推理的时候，要清晰、准确、通俗、生动地表达自己的思维，使学生能够顺利掌握这些知识。所以，良好的语言表达能力也是吸引学生的魅力所在。试想，哪个学生会喜欢上课时思路不清晰的老师呢？有些数学教师，虽然其它方面的基本功较扎实，但语言表达不过关，结果是"一肚子墨水倒不出来"，教学效果当然就不理想，学生听了半天也不知道老师说的是什么，浪费了学生的宝贵时间。

语言表达能力包括口头语言和书面语言两个方面，它是教师的逻辑思维水平，组织与处理教材能力、运用文字能力等诸多方面的综合体现。对数学语言的表达，不仅要求有严密的科学性，而且要有艺术性。当你能把科学性和艺术性的完美结合起来的时候，那你做为一名数学教师的基本功就达到了一定的水平。

对数学教师的语言一般有如下几条要求：

①用词准确、语句精炼、叙述严密；

②音量适中、节奏鲜明、叙述流畅、形象生动、富有启发性和

趣味性；

③能正确、清楚、工整、规范、美观地书写文字和常用的数学符号；

④能正确、美观地画出线段图和集合图；

⑤表扬的多样性和有效性。

⑥数学教师可以通过对数学概念、法则或定理进行表述，讲数学故事等方法来训练语言基本功，也可以通过分析"病句"来提高数学语言的准确性和严密性。

会运用现代教学手段

随着教育现代化进程的不断加快，对教师运用现代化教学手段的要求就越来越高。运用多媒体可以扩大教学容量，增强直观性，有助于提高教学质量。运用现代化教学手段进行教学，不仅是教学手段的更新，而且是教学理念的更新。因此，在新形势下，运用现代教学手段的能力就成为了一名数学教师不可缺少的基本功。

具有教育、教学科研的能力

教育、教学科研成果是衡量一名教师水平高低的另一个标准。一名既会教书，又会写书的教师，学生是会更喜欢的。在教学中，教师会有许多好的想法、好的做法，那么就应该把它写成文章。同时还应积极参与重大课题的研究工作，推动所在学校，乃至所在地区的教育、教学科研工作的发展。

作为一名数学教师，就应努力苦练数学教师基本功，提升自己的素养，以自己独特的人格魅力来吸引学生积极的投入到学习中来，使学生的"要我学"变为"我要学"，学生能积极主动的学习了，就一定会取得不错的学习效果的。

8. 提升数学教师的专业素养

有效教学是教师普遍关注的战略性问题。随着新一轮基础教育课程改革的不断深入，有效教学的不断尝试和实践，对教师的专业素养提出了更高要求，实践经验告诉我们，教师的专业素养的高低直接影响有效教学的质量。因此，努力提升小学数学教师的专业素养迫在眉睫。

小学数学教师专业素养的现状

自课程改革以来，虽然我市小学数学教师队伍的整体水平在不断提高，但就专业素养而言，依然存在不少问题，具体表现在如下几方面。

（1）不能完全接受小学数学教育新观念

自实施新课程以来，小学数学教师对《课程标准》所倡导的关于数学本质、数学教学与学习方式等新理念的理解发生了很大改变，仍有一些小学数学教师不能完全接受新的数学教育理念。如在小组合作学习中应运用新的教学方法和学习方式的地方，还沿用传统的方法和方式进行教学，没有体现学生的主体性、探索学习等新理念。这里指的教育新观念更是广义上的大观念，如教育的价值观、学生观、学校教育活动等。如果一个教师仅仅把小学数学教育看成是传授知识的过程，又如何会在数学教学活动中关注学生情感、态度、价值观的培养？所以，倡导大教育观念是保证转变数学教学观念的先决条件。

（2）对新课改的教材理解不够透彻

这次新课程的教材有个显著的特点就是为达到某一教学目标，教材安排与之相对应的内容，同时给教师较大和较灵活的发挥空间。教师在理解教材方面存在如下一些问题：

①对一些基本的数学概念的理解较为肤浅。如"长方形面积公式的推导""三角形高的认识""长方体棱的认识""分数意义的认识及表述""除数是小数的除法"等，有些知识是可能在某个教学阶段既是重点又是难点，但有些教师有时仅仅保留在小学数学教材所阐述的水平，没有真正理解内容上阐述。

②对一些新的小学数学课程的内容缺乏必要的了解。例如，概率进入小学数学课程，对于这些内容有的教师从来没有接触过，有的虽然以前接触过，但时间过了很久，教学时往往靠自己阅读小学数学教材，现买现卖，比较吃力。

③对一些基本数学思想方法缺乏了解。数学课程标准提出要让学生经历猜测、验证等过程，这些猜测往往没有既有的数学事实为依据，得到的结论也不是数学上"猜想"，与归纳的思想方法相差甚远。

（3）课堂教学设计的"学科本位"

很多教师对课堂教学设计仍停留在传统意义上"学科本位"的教"课本知识"的设计层面，缺乏对学习主体经验和需要，学习者建构的过程；缺乏对课程资源、学习情境、学习方式、教师角色、学习群体等多种因素的综合考虑。因此，在课堂教学实践中三维教学目标难以整合，教学质量和效率难以提高，课程资源不能有效利用，学生学习主体性未能有效激发。例如：教师的设计，不受学生欢迎；学生的突然发问，而教师没有准备；新课导入、课堂问答、范例演讲、课堂反馈、归纳小结等没能顺利有效进行。

有效教学对小学数学教师专业素养的要求

有专家指出，一个优秀教师除了有良好的师德和对教学工作的热爱，还必须得有比较完好的知识结构和能力结构。要实施有效教学，必须具备良好的专业素养。

（1）要具备基本的数学知识

数学专业知识是教师学科素养的基础。新课改后，新教材的教学内容比旧教材知识面更广，与高一层次的数学知识衔接更为紧密，如统计、数学广角和实践活动等，需要教师有较高的数学专业素养和数学文化底蕴。要明了数学知识的背景、地位与作用，精通数学的基础理论知识，熟悉数学内容的系统结构。要对数学所蕴含的文化价值、思想方法、人文观点、辨正规律、美学内涵有自己的体会。要有学为人师的数学科学与数学文化素质，具备与数学知识有关的高一级的数学知识。要不断丰富个人数学实践知识，能以独到的眼光看待生活中的数学问题，敏锐捕捉数学与日常生活之间直接或间接的联系。

（2）要掌握基本的数学思想方法

数学，绝不是解决几个数学问题；数学教学，也不是仅仅教学生学会解题。数学教学的价值体现在对人的思维能力的发展上，即体现在分析和解决问题的方法上。教师只有掌握了一定的数学思想方法，才能在教学中游刃有余，把学生"教活"，使学生的学习触类旁通。当然，对小学生而言，更多的是在探索知识和解决问题的过程中，受到常用数学思想方法的熏陶。

（3）要具备良好的专业能力

①对教师的把握能力，主要是对教材的理解和设计；

②对学生的研究程度，主要包括对学生的学习风格和成长背景等的了解；

③对教学策略的运用水平，主要包括运用各种恰当的方法使教学内容得到最好的呈现和理解；

④对教学环境的创设水平，主要包括对各种教学资源的整合与

运用；

⑤教学评价能力，主要包括对教学过程和结果的认识与评价。

提升小学数学教师专业素养的途径和办法

（1）要清晰了解数学教材呈现的知识结构

作为一名小学数学教师，至少要对小学六年所有的数学知识以及每一年级学生要达到怎样的水平有清晰的了解。只有这样，教师才能不局限在自己经常任教的那一个或几个年级，能用发展的眼光看待自己的教学，为学生的进一步学习打下扎实的基础。只有对所教的学科知识体系有了深入的了解，才能设身处地地用学生的眼光看待教材，使自己的教学真正切合学生的实际需要，促进学生的有效发展。

（2）要广泛地阅读小学数学教育教学书刊

读书是提高人素养的一个重要方法，作为一名新形势下的数学教师，应该多搜集和阅读有关的小学数学教育教学方面的书刊。也许我们会觉得有的专业知识离我们太远，看不懂或听不懂，其实看得多了自然也就理解了，所以教师也应该积极主动地去探索未知的知识。

（3）要研究一些"教学案例"

案例是一种理论与实践，培养研究者反思案例是和团队合作能力的研究方法，并通过特殊性表现出来的。案例具有典型性和具体意义。通过对一些案例的分析，可以提高教师的教学能力，所以教师要留意教学案例，研究教学案例。

（4）要积极参加各科培训活动

职前教育是我们教育教学的重要基础，我们要不断的学习，特别是参加培训。对于一些培训活动。如新课程培训、校本研究培训、网络研究培训、教材培训等，广大教师要积极参与，以提升专业素养。

9. 物理教师应具备的素质

物理新课程标准的基本理念主要概括为"注重全体学生的发展，改变学科本位的观念；从生活走向物理，从物理走向社会；注重科学探究，提倡学习方式多样化；注意学科渗透，关心科技发展；构建新的评价体系。"这对物理教师素质提出了更高的要求，向传统的教学观、教师观提出了挑战。作为一名物理教师，如何紧跟时代的步伐，做新课程改革的领跑人呢？

转变观念，重新定位角色

新课程改革是一场教育理念革命，要求教师"为素质而教"。在教学过程中应摆正"教师为主导、学生为主体"的正确关系，树立"为人的可持续发展而教"的教育观念，完成从传统的知识传播者到学生发展的促进者这一角色转变。这是各学科教师今后发展的共同方向。在"以学生发展为本"的全新观念下，教师的职责不再是单一的，而应是综合的、多元化的。新课标下的教师角色主要有以下几种。

（1）设计者

教师要根据教学目标和学生的特点选择教材和教具，设计教学过程。

（2）指导者

教师按照自己的活动方案主动向学生提供一些信息，或者是学生在对一定的问题情境进行探索的时候可能会碰到一些问题，出现信息缺乏的情况，这时候学生会主动向教师寻求信息。

（3）组织者和管理者

教师要进行教学环境的控制和管理，组织课堂教学，处理教学过程中的突发事件。

（4）合作者

教师要与学生建立友好融洽的关系，了解学生的需要、学习特点、学习兴趣、个人爱好等，以保证做到因材施教。在教学过程中，教师可以以平等的身份与学生进行合作与讨论，共同解决问题。

（5）研究者

教师要不断对自己的教学进行反思和评价，分析其中的不足，提出改进方案；教师要从事一些与自己教学有关的科学研究，从理论上提高自己的教学水平。

终身学习，优化知识结构

物理学科是一门综合程度极高的自然学科，它要求物理教师具有丰富的物理知识和相关学科的知识，在专业素养方面成为"一专多能"的复合型人才。现在对物理教师的知识结构和能力提出了新的要求，教师要通过不断学习，充实完善自己。

所以，教师要学习这些新知识，完善自己的知识结构，注重物理的教育功能，通过物理教育对学生进行素质的培养。但由于长期受应试教育的影响，多数物理教师在人文素养方面普遍缺失，因此教师要学习人类社会丰富的科学知识，不断提高自己的人文素养。物理教师还要具有与人交往合作的能力、教学研究能力、信息技术与教材的整合能力、课程设计与开发等能力。

当前的科学研究呈现多学科交叉的新特点。作为基础学科，高中物理新课程改革将"研究性学习"列入了课程计划，并充实了课外阅读资料、选学内容、家庭小实验等知识。在新课程内容的框架下，绝大多数教师由于知识的综合性与前瞻性不足，难以独自很好地完成对学生课题的所有指导工作，教师之间必须建立起协作的工作思想。

从仅仅关注本学科走向关注其他相关学科，从习惯于孤芳自赏到学会欣赏其他教师的工作和能力，从独立完成教学任务到和其他教师一起取长补短。

在新形势下，教师处于被学生选择的地位，必须重新审视自己的知识结构，将终身学习内化为自学行为，时刻保持学习、研究、反思、发现、探究、创新及总结的态度，力求成为一个学识渊博、具有扎实的基础知识和现代化信息素质的教育工作者。

以人为本，创新教学模式

长期以来，传统的"灌输式"教学方法忽视了学生的兴趣、个性化因素及心理发展规律，导致学生独立人格丧失、思维收敛、想象力及创造潜力受压制等不良后果，高分低能现象屡见不鲜。新课程改革重视以人为本，关注对学生人格的塑造，突出对思想品德的培养，强调学生应具有健全、良好心理素质，注重发展学生的创新精神和实践能力，而这一切只有通过创新教学模式和方法才能实现。

在教学过程中，学生的知识获取、智力和非智力因素培养，不能只靠一种固定的教学模式。教学模式涉及知识、教师和学生三大要素，教与学是一个共同发展的动态过程，应明确教学过程的复杂性，综合三大要素，权衡利弊，博采众法之长，灵活选择教学方法。既要改革创新，又要着眼实际，积极参与创设启发式、开放式、范例式、合作式的教学方法。

在新课程改革中，智力因素的开发并不是素质教育的全部，学生的学习目的、兴趣、意志、态度、习惯等非智力因素是推进教学进程与实现教学效果的动力系统，对学生的学习过程起着发动、维持、调节的作用。在改进高中物理教学模式的过程中，应当注意吸收教育心理学的研究成果，充分把握物理教学的特点与艺术性，进一步发挥非智力因素的潜在作用。

在授课中重视物理实验和物理知识的讲授，结合介绍物理学家的故事，物理趣闻和物理史料，让学生了解知识的产生和发展，体会物理在人类历史发展长河中的作用；善于对比新旧知识的不同点，引发认知冲突，培养学生的质疑习惯，引导学生寻找当前问题与自己已有知识体系的内在联系，强化问题意识与创新精神；通过比较、分类、类比、归纳演绎和分析综合等逻辑思维方法，向学生展示知识的来龙去脉，使之知其然，更知其所以然。

课堂不仅是学科知识的殿堂，也是人性的养育圣殿，学生成长的殿堂，发挥创造力和想象力的天空，品味生活的"梦想剧场"。在这里学生有了探索新知识经历和获得新知的体验，学习兴趣、热情、动机以及内心的体验和心灵世界得到丰富，有了亲身体验，学习态度和责任，对个人价值、社会价值、科学价值等的认识就有可能进一步发展。生动活泼的课堂教学，激发学生学习物理的兴趣与求知欲，培养学生发现问题、提出问题和解决问题的能力，使之由"爱学"到"学会"，再到"会学"，最终掌握物理学习的科学方法与科学思维。

依靠科技，丰富教学手段

物理是一门以实验为基础的学科，教学内容生动形象是达到教学效果的重要保证。新课程改革是应时代之需而提出来的，重视实验教学及现代化信息技术的应用，积极开发和制作相应的教学辅助软件和直观性教具，有利于其有效实施。演示实验、学生分组实验、投影仪、计算机等现代化教学辅助手段为教学现代化创造了良好的硬件条件，它改变了以语言传递信息为主的传统课堂教学模式，把抽象知识转化为形象的画面刺激学生的感官，增强记忆。

过去认为抽象难懂的物理微观世界的东西，通过计算机的模拟演示可以变得直观、形象，有助于学生理解。网络的发展使物理网络教学成为可能，从而有利于丰富学生知识，完成探究性学习任务。

　　教师是新课程的实施者，而教师素质的高低是新课程改革能否成功的关键所在。百年大计，教育为本。有了一流的教师，才会有一流的教育，才会出一流的人才。在课程改革不断深入的今天，当代物理教师应认清未来教育中教师的职责和使命，尽快完成角色转变，不断提高自身素质，努力推进新课程改革的顺利进行。

10．地理教师应具备的素质

　　地理教师是地理教育目标的组织者和实施者，提高地理教学质量有赖于一支方向明确，自度、自觉提高道德修养与专业修养，并不断提高教学能力的教学队伍。

　　地理教师为学生树立祖国形象，向学生进行热爱家乡、国的教育，没有地理教育，学生不可能准确系统地了解国情，认识我国地理国情、人口、资源、经济建设、国际等方面的情况。地理教师应不断自我完善，提高自己的教学能力。地理教师应具备以下素质。

坚定正确的政治政治方向

　　地理教师应热爱祖国，热爱中国共产党，热爱社会主义，遵守社会基本道德，并以之教育学生。特别是以进行建设有中国特色社会主义为主题的新时期的爱国主义教育，是当前地理教师的重要任务。因此，地理教师应是一个爱国者，以自己的思想、信念、行为、情感感染学生。

　　地理教师的爱国主义情感，是在各种学习，实践活动中产生的。要全面认识我国的国情，辩证地认识祖国的光荣与困难、骄傲与屈辱的发展过程，了解祖国富饶与短缺、地大与人多的现实。既要了解当前发达国家的现状及其走过的历史，也要知道发展中国家的贫穷落后的原因与现状。立足祖国实际，讲优势和成绩，激发学生的爱国热情，弘扬为祖国建设献身的精神，讲劣势和差距，可以激励学生树立为祖国效力的坚定意志，唤起对祖国的义务感和责任感。

具有热爱地理教育的思想品德

对地理教育的坚定信念和积极的态度是地理教师道德修养的思想基础，要把平凡的工作与未来的建设事业相联系。认识到自己所从事的地理教育工作的意义，就有勇气和力量，这既增强了克服困难的决心，又成为战胜自己的内在动力。

热爱学生是教师道德修养的核心。教师的爱是师生相互信任的桥梁，是进行思想教育的基础。高尚的师德和为人师表是教师道德修养的行为准则。地理教师应树立"教师意识"，想到自己应发挥的作用和影响，就会在待人处事，谈吐举止方面成为文明行为的体现者。这些都是无声的教育，会在学生心目中留下美好的印象，成为他们模仿效法的榜样。

具有坚实的专业基础和教学能力

地理教师在精通自己自己专业知识的同时，还要不断提高自己的学科教学能力。

（1）不断丰富专业知识是提高业务水平的关键

①地理学科的专业知识。一个合格的地理教师在掌握专业知识的同时，还要熟练掌握初中地理的全部教材，才能从多角度分析与处理教材，同时要把握住地理学科的历史与现状，从地理科学、环境科学等角度了解时代的要求与未来的发展趋势。

②教育科学知识。地理教师应不断总结实践经验，并与教育理

论对照，使经验上升到理论高度。

③思想教育工作与教育艺术。地理教师要对学生全面负责，寓思想教育于知识教育之中。因此应掌握思想教育工作的专业知识和教育艺术。并将知识、思想、行为三者有机结合。

④其他知识。地理教师应了解物理、化学、历史等知识。为了教好学生，教师需要不断丰富自己，扩大知识面。如广泛的艺术情趣和爱好、对自然和文化景观的鉴赏等。

（2）自觉培养教学能力和专业技能是工作进步的保证

地理教师的业务水平既与扎实的专业基础知识有关，也和教学能力及基本技能密不可分。一名合格的地理教师应以提高下列能力为自己努力的方向：

①理解教材、分析教材、处理教材的能力

②设计教法，特别是应用现代化教学手段的能力

③观察、研究和组织教学的能力

④地理活动的组织能力

⑤实验、演示或制作教具、模型、图表的技能

⑥准确、生动的语言表达能力

⑦国情教育及科学地理教育的能力

⑧对学生进行能力培养和思维训练的能力

⑨命题、检查提问及了解学生情况的能力

⑩运用所学解决实际问题的能力

具有全面扎实的地理教学基本功

地理教师除了要掌握本学科的专业知识、教育学、心理学和思想教育有关部门的知识，以及宽广的知识面，还必须有扎实的基本功。

（1）地理教学语言

①要讲普通话。现在《国家语言文字》法规定，作为教师必须要讲普通话，否则，就是违法。

②要练好口才。苏霍姆林斯基说过："教师的语言修养，在极大的程度上决定着学生在课堂上的脑力劳动的效率。"因而，地理教师要不断地锻炼自己的口才，为上好每堂课打下坚实的基础。

③要从头开始。教学语言要从语音、吐字、音量、语速、语调、节奏、语气、逻辑等方面去训练。

（2）地理板书

板书可以使知识系统化，提纲挈领地展示教学内容的结构和层次。

地理板书要遵循下列原则：

①遵循科学性和系统性原则；

②文字简练准确，字迹工整规范；

③版面安排合理，布局美观恰当；

④根据需要，确定板书时间。

（3）地理板图和板化

在地理教学中，板图和板画是为了形象地展示地图、地理事物、地理现象及其演变过程等，因此地理教师应熟练掌握板图和板画的基本能力，并能够熟练地与其他教学手段配合使用，而且需服从教学需要进行设计安排。

（4）其他地理教学基本功

①投影幻灯片的制作。地理幻灯投影教学，可以为课堂教学提供背景明亮、形象生动的画面，教师可以根据教材和教学的需要，自己设计和制作幻灯片，自制幻灯片更具有灵活性和使用性。

②简易模型制作。地理模型是模仿地理事物原型而制作的教具，

地理教师应根据学校条件自己制作模型，以应教学之需。

③计算机教学。在信息时代，具有条件的老师应掌握多媒体教学和课件制作，以顺应时代的发展。

作为地理教师应不断完善自己的知识和能力结构，要做一个合格的地理教师就应具备上述教学基本功。

学习能力和教育科研能力

教师素质水平的高低直接决定着教学水平的高低及学生素质水平的高低，而教师素质水平的高低又取决于教师的学习能力和教育科研能力。教师的学习能力指教师在政治业务和文化素质修养中的进步与提高。作为地理教师应时常充实自己，使教学和学习并重。教育科研能力指以教学研究为中心，教师在教学中既教学，又研究，动心动脑，并努力选好自己的研究课题，并创造出自己的科研成果。

作为地理教师不仅要具有"教师意识"，还要有"地理教师"意识，因为在培养人才的教育过程中，地理知识的丰富性和外延性，使得地理教师更能体现《中国 21 世纪议程》的思想。在当今科技、社会、思想飞速发展的今天，地理教师应努力学习新理论，树立新观念，具备良好的素质，不断完善自我，这是教育发展的需要，也是作为一个中学地理教师所必须具备的。地理教师应努力学习，勤奋进取，争取使自己成为一个优秀的人民教师。

11. 中小学教师应具备的素质

21 世纪的教师应具备怎样的素质呢？学生眼中"理想教师"应该具备的素质包括：友善的态度，尊重课堂内的每一个人，有耐心，兴趣广泛，良好的仪表，公正，幽默感，良好的品行，对个人的关注，伸缩性，宽容，有方法。

具有坚定的唯物主义世界观

教师是学生生活中不可替代的"重要他人"，教师的一言一行，一举手一投足，无不对学生的心身成长有着潜移默化的影响。教师世界观是唯物还是唯心，是进步还是落后，是健康的还是病态的，对学生的成长至关重要，其作用不可低估。

具有崇高的稳定的职业理想

具有崇高的稳定的职业理想是培养和造就高素质教师的关键。作为人民教师就要守得住清贫，耐得住寂寞，把"三尺讲台"作为自己安身立命、施展才华、报效祖国的广阔天地。以传播知识和文明的火种为己任，以培育创造性人才为目的，把教育事业看成是"太阳底下最光辉的职业"，把献身教育、辛勤耕耘当成自己人生的最佳选择。

具有平等的公正的民主意识

我们提倡平等的公正的民主意识，是对传统教育观念的一种改变。

首先，是教育者和被教育者在人格意义上的平等，把被教育者看成是一个个鲜活的"人"。要建立民主、平等、合作、理解的关系，根本在于使学生得到尊重、信赖，这样才能激发学生的自尊、自信，唤醒学生的自我意识，为他们主动向上、不断进取、提升素质奠定内部动力。

其次，是教学的民主化。教师在发挥主导作用的同时，应创设宽松、宽容、宽厚的氛围，让学生感到心情舒畅，能够自由思考，敢于无所顾忌地发表个人见解，在交流中碰撞出思想的火花，推动问题的探讨向纵深发展。

最后，是说教育者要一视同仁，无论学生是聪明的还是迟钝的，是品学兼优的还是顽劣调皮的，是成绩好的还是成绩差的，在教师那里都应受到一样的呵护，一样的关爱，一样的教育，使学生智慧的幼芽在教师的爱心浇灌下长成参天大树。

具有全新的教育观念

（1）个体发展的人才观

当代教师的教育既要培养遵守社会公德、切合社会需求、学会"走向他人"的合格公民，又要充分弘扬学生个性，挖掘学生身上的潜力，培育学生的独立人格，使学生的特长得到最大限度的发挥，实现自己的人生价值。

（2）教书育人的德育观

当代教师要彻底摒弃那种只问业务不问政治，只管智育不管德育，只管"埋头拉车，不管抬头看路"的传统的教育观。胸怀"育人"的大目标，加强学科的德育渗透，把培育社会的红专兼备的合格人才当作是义不容辞的神圣使命。着力培养学生的竞争意识、风险意识、超前意识、自制意识、法制意识、创造意识。

（3）以能力为依归的教学观

现代教育要求教师必须把发展学生的智力，培养学生的能力当成教师教育的出发点和落脚点，通过多种途径培养学生听说读写和人际交往能力，尤其是创造能力，以适应现代社会的挑战。

（4）全面发展的质量观

全面发展的质量观是既重学生在德、智、体、美等方面的全面发展，又特别重视学生的创造精神、创新能力、创新人格的培养。看一个学生是否成才，主要看其是否成为社会所需要的人，而不是看其是做工还是务农，是成为公职人员还是成为专家学者，这是我们教育工作者必须树立的宗旨。

具有独立性和主动性，具有清晰的自我意识

现代教育要求教师具有独立的人格和独立的工作能力，具有独到的见解和人生体验，主动地获取知识、完善自我，主动地迎接挑战。能够正确认识现实中的"我"，不断修正自己的人生路线，不断更新自己的教育思想，不断给自己提出新目标、新要求，不断建构自己的能力体系，以适应现代教育的要求。

具有丰富、灵活、精当的教育方式

教学目标的层次性，教学内容多元性，教学对象的复杂性，决定了我们的教育方式必须丰富、灵活。作为教育工作者，必须研究我们的教育对象，知道每个学生的心理特征和个性特征。选择最佳的教育途径，运用精当的教学方式。有的放矢、因材施教，以期达到叶圣陶所说的"疑难能自决，是非能自辨，斗争能自奋，高精能自探"的效果。

具有较宽的文化视野和必要的劳动技能

这里所说的文化视野，首先指教师要具备较扎实、深厚的本专业的基本功，知其然更知其所以然。其次指教师要广泛涉猎与本专业有关的学科知识，教文学的不妨懂点历史学、政治学、地理学，教历史的不妨懂点文学、政治经济学、地理学，教物理的不妨懂点数学、化学、生物学知识，这样进行教学时才能高屋建瓴，游刃有余。

现代教育要求强化学生动脑、动口、动手能力。而我们的教师普遍缺乏生产劳动知识和校外劳动生活的直接经验，为此，我们建议定期组织教师下工厂，赴农村，了解现代工业、现代农业的一些新技术，还可定期请一些有经验的专家来学校给教师上课，传授劳动技能和经验。

具有基本的心理保健和心理咨询能力

心理保健包括研究各种心理特征，预防精神病、神经官能症、各种心身疾病和病态人格，普及心理科学知识等。心理咨询则是指解答学生提出的各种心理问题，帮助学生避免或清除不良的心理或社会因素的影响，防止心理疾病，增进心理健康。教师掌握一定的心理保健和心理咨询能力，有助于判断学生学习的困难所在，追查困难产生的原因，进而矫正一些不良习惯，疏导不良情绪，将学生的心理疾患消灭在萌芽状态。

具有一定的教科研能力

素质教育要求教师忠诚事业，献身教育；知识广博，治学严谨；锐意进取，勇于创新；成为能在教育学、心理学园地里辛勤耕耘、播种，且不断有所收获的科研型教师。教育实践告诉我们，一名教师只有经常进行科学研究，才能从平凡、司空见惯的事物中发现新的特征、新的细节，产生新的灵感，碰撞出新的思想火花；才能从看似枯燥的年复一年周期性的工作中发现新的乐趣，产生新的动力；才能将丰富的实践上升为理论，克服盲目的、冲动的、短视的、无效的教育行为；才能提高教育行为的自觉性以及钻研教育理论的热情。

12. 高职院校教师的基本素质

职业教育如何发展，许多研究教育以及教学的科研工作人员做了大量的工作，同时也达成了一种共识，那就是在把握职业教育前进方向的情况下，狠抓教师队伍建设，使从事职业教育的工作人员能认清职业教育的内涵，使职业教育工作者处于职业情境中进行教育教学。

教师素质是一种具有丰富性和多样性的概念。从教育学的角度出发，人的素质包括品德素质（政治、思想、道德和心理）、智慧素质（文化、技能和能力）、专业素质、身体素质、审美素质和劳动素质六个子系统。基于这种认识，教师素质是知识素质与能力素质的统一，其内涵有自然素质（先天遗传的生理素质）、心理素质（个性心理品质）、社会文化素质（政治的、道德的、科学的、审美的、劳动的素质）、知识结构素质、教育能力素质、健康素质。

高职教师具备的知识素质

（1）爱岗敬业、宽厚热情的职业道德素质

职业道德是与人们的职业活动相联系的，具有自身职业特征的道德规范。教师强烈的事业心，崇高的责任感、良好的师德修养，是有效开展职业教育的必要前提。一位成效卓著的教师，其心理素质表现为宽厚、真诚、热情、谦逊、果断、勤奋。其品德素质表现为挚爱教育、不断进取、完善自我、严以律己、无私奉献、淡化名利、表里如一。

（2）广博坚实的理论素质

从事现代职业教育的教师必须具备全面综合、广博坚实的文化基础知识，具备对自然科学、人文科学和高新技术的学习和跟踪能力，掌握现代教育媒体、利用现代化教学技术，并能将美学和艺术教育有机融入教学之中，科学预测知识演变趋势、对知识的动态发展反应灵活。应加强自己的理论修养，特别是现代教育理论的修养，以减少实践活动的盲目性，获得最大的教学效果，从而有效地培养学生的应变能力和创新能力。

（3）扎实精深的业务素质

职业教育不仅要进行理论知识的传授，还要注重技能的传授。因此，教师应该是"双师型"的教育工作者，即不仅是讲师，还是工程师、会计师、经济师、统计师，在业务上是多面手，在教学上是教育家，一专多能。应具有所任教学学科知识和任教学科相关知识、具有教育学、心理学等科学知识。优秀的职业教育教师应尊重、关心、理解、信任学生，深受学生爱戴，教学方法灵活多变，教学手段高效，教学目标明确、教学机制有效。

高职教师具备的能力素质

（1）知识素质的优化能力

由于知识在不断更新，各学科之间的相互渗透越来越强烈，交叉学科、综合学科大量产生。掌握单一学科知识和知识面比较窄的职业教育教师越来越适应不了现代职业教育发展的新形势，这就要求职业教育教师知识面要广。教师要根据自己的教学工作需要，以某项专业知识为核心，以多方面的与本职工作密切相关的其他知识作为辅助知识，注重有用的知识的积累。

（2）教学创新能力

教学是学校的生命线，学习是在校学生的主任务，教学永远具有教育性。传道、授业、解惑是传统教师的三大职责，但现代职业教育的教师更应着眼于培养学生的道德智慧、能力胆识、策略方法、特别是科学思想、创新精神、实践能力等，注重学生主动获取、运用知识能力的培养。充分发挥教师主导作用和学生主体作用，建立平等、和谐、融洽、健康的师生关系，这就要求教师在教学内容、教学方法、教学思想上有创新能力。灵活运用研究法、发现法、暗示法、范例法、情境教学法，贯彻启发、重视反馈、讲究实效，通过集体教学、分组教学、个别教学促进学生发展。

（3）教学研究能力

在信息时代，新技术的挑战，要求教师不能只是'教书匠'，而应该成为积极参与教学研究的高素质、创新型教师。按照教学活动的实施过程，经常地开展研究工作，逐步掌握和运用科学的理论和方法，使用现代教学媒体，优化教学过程，增强了解和分析学生的能力，设计教学方案的能力，实施教学方案的能力，教育管理能力。

（4）学科实践与操作能力

职业教育是重视实践能力培养的教育，培养"知识工人"实用型人才是现代职业教育的一大特点，教师必须具备学科实践能力、动手能力、指导能力、实践与实训教学能力。

（5）社会交往能力

职业教育离不开市场，校企办学、产教结合、职业培训、学生生产实习、就业，新专业的申报和论证都是教学。现代职业教育必须紧跟市场，教师不能照本宣科，应及时掌握市场对人才的需求。因此，社会交往能力至关重要，在提高教育效益方面具重要意义。

（6）获取、处理、使用信息能力

使用计算机的远程教育，网上教学、网上模拟实验很快普及，作为新世纪的职业教育工作者如果没有操作计算机的能力，他就会寸步难行。所以教师要熟练地运用多媒体技术、人工智能等教学技术，生动、灵活、创造性地开展教学工作。合理使用信息资源，及时将新技术、新知识、新工艺传递给学生，同时对信息进行分析、加工、处理；利用信息，优化教学进程，合理选择教学方法，使教学设计和实施具备超前性。

当前，科学技术的迅猛发展，信息量越来越大，社会节奏越来越快，竞争性越来越强，对人才素质的要求越来越高。这一切，给现代职业教育带来了挑战，也给教师带来了挑战。教师只有实现了自身综合素质的优化，才能适应新世纪发展的要求，培养出更多的适应新世纪发展要求的人才。

第七章

综合素质提升

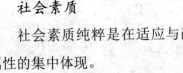

1. 素质主要指的是什么

素质，是现在用得比较多的一个词语，也是提高人的价值、培养，使用和衡量人才的重要概念。那么，什么是素质？所谓素质，是指一个人在政治、思想、作风、道德品质和知识、技能等方面，经过长期锻炼、学习达到的一定水平。它是人的一种较为稳定的属性，能对人的各种行为起到长期的、持续的影响甚至决定作用。

素质，对一个人来说，需要有多方面的内容和要求，如政治素质、思想素质、道德素质、心理素质以及业务专长、技能素质等。一个单位需要各方面的人才，为了完成共同的事业，不仅要充分发挥每个人的积极性，还要发挥集体的综合素质，形成优势互补的合力。

素质主要分为自然素质、心理素质和社会素质。

自然素质

亦称生理素质或身体素质。它是人们与生俱来的一系列的生理特点，原本意义上的素质就是指自然素质。

心理素质

它以自然素质为基础，是在后天环境、教育、实践活动诸因素的影响下逐步发生、发展和形成的。

社会素质

社会素质纯粹是在适应与改造社会的过程中形成的，是人社会属性的集中体现。

在日常工作中，人们常常看到这样一些事实：做一件具体工作，有的人干净利索，思考周到，而有的人却拖拖拉拉，丢三落四；撰写一篇文稿，有的人文字通畅，条理清楚，而有的人却辞不达意，文理欠通；处理一个问题，有的人头脑清楚，眼光敏锐，一下子就能抓住问题的实质，而有的人却反应迟钝，抓不住要点；完成一项政治任务，有的人立场坚定，是非分明，既坚持原则，又灵活机动，而有的人却躲躲闪闪，折中调和，甚至丧失立场。在所有的事情上，总是出现很大的异样，有人表现好，有人表现差，有人做得很出色，有人却做得很蹩脚。

事同而效异，其原因固然很多，但归结起来不外乎客观和主观两个方面。在客观方面，诸如工作任务的难易、物质条件的优劣、配合力量的强弱，都会对任务的完成发生影响。但是，一般来说，事情的成功与否主要取决于人的主观因素，这些主观因素就是我们所讲的素质。

2．成功素质指的是什么

成功是什么

什么是成功？成功意味着什么？不同的人对此有着不同的理解。许多成功学家都对成功的概念有过界定，但似乎都很含糊。

"成功的内涵是普遍而永恒的。成功并不是表面的现象，而是一种内在的感受，它显露于外的只是形式。真正意义上的成功应该是内在心理和外在形式上的统一。"

"成功不只是幸运的问题，就像'赢'不是简单的第一，或者幸福不仅仅意味着拥有大量的金钱一样。金钱只是成功的外貌或衡量成功的尺度，而不是内核和根本。在拥有金钱的成功之余，我们也要拥有心灵的宁静。"

"成功是一个系统工程，既需要自我价值观的提升，也需要提高为人处世的技巧。"

在人的整个素质结构中，各种素质都有其特定的地位和作用。各种素质的综合作用，决定了一个人的成功与否。

成功靠什么

成功靠什么？有的人说，决定成功的主要因素是机遇；有的人说，决定成功的主要因素是个人行为，等等，不一而足。事实上，一个人的成功，更重要的是在于其个人所具备的成功素质。

（1）成功需要道德良知作为基础。

首先，道德高尚的人能够获得内心的平衡，从而实现内在自我价值；其次，具有良好道德品质的人在与他人沟通时能保持良好的心态，赢得友谊和支持，改善其生存和发展的环境，从而实现外在的成功。而崇高、正直的人格本身就是最大的成功。

（2）成功是积极的心态。

对自身来说，一个人成就的高度绝对无法超越他自信所能达到的高度。所以，积极的心态，是一切成功的基础，是一切成功的创造力、进取精神和力量的支撑。

（3）成功需要讲究技巧和策略。

人们只有学会了有效的自我管理，处理好各种人际关系才能获得更多的财富，更快乐地生活。它包括目标和计划的制定、时间管理、情绪的控制、个性的发挥、待人接物的技巧、语言沟通、职业的选择、自我推销等方面。经验告诉我们，我们不仅要做一个品德高尚的人，而且要做一个聪明人，使自己的品德和智慧感染其他人和影响其他人。

（4）成功是行动。

"我的幻想毫无价值，我的计划渺如尘埃，我的目标不可能达到。

一切的一切毫无意义，除非我立刻付诸行动。"行动是所有成功著作反复强调的内容。如果渴望摆脱贫困，走出困境，那么就按照成功学的原则去行动。

（5）成功是一种训练的结果。

只有有规律的训练，才能强化积极心态，改变不良思考习惯和行为习惯。好习惯是开启成功的钥匙，坏习惯则是一扇敞开的大门。

3. 职业素质指的是什么

职业素质是指从业者在一定生理和心理条件基础上，通过教育培训、职业实践、自我修炼等途径形成和发展起来的，在职业活动中起决定性作用的、内在的、相对稳定的基本品质。职业是人生意义和价值的根本所在，职业生涯既是人生历程中的主体部分，又是最具价值的部分。因此，职业素质是素质的主体和核心，它囊括了素质的各个类型，只是侧重点不同而已。

职业素质是后天学习实践培训得来的，是决定职场成败的重要因素，可以改变整个人生。职业素质是人才选用的第一标准。职业素质是职场致胜、事业成功的第一法宝。

4. 怎样了解自己的职业素质

职业素质是劳动者对社会职业了解与适应能力的一种综合体现，其主要表现在职业兴趣、职业能力、职业个性及职业情况等方面。影响和制约职业素质的因素很多，主要包括：受教育程度、实践经验、社会环境、工作经历以及自身的一些基本情况（如身体状况等）。一般来说，劳动者能否顺利就业并取得成就，很大程度上取决于本人的职业素质，职业素质越高的人，获得成功的机会就越多。

职业素质是劳动者走向就业的基本条件，但是如何才能了解自己的职业素质呢？了解自己职业素质的办法很多，归纳起来，主要有以下三种。

接受职业指导

职业指导是就业服务机构针对劳动者求职、单位招聘过程中为劳动者、用人单位提供心理分析、择业技巧、心态调整、技能测试、供求趋势分析、职业设计、用人计划等帮助的行为。

职业指导的服务对象有劳动者（包括符合劳动年龄内的求职者、各类学校学生）和用人单位。

职业指导的内容主要有：劳动力市场供需分析指导、劳动就业法律、法规、政策指导、求职者素质、职业能力测评、求职者职业设计、求职技巧指导及单位用人指导等。

职业指导方式包括"一对一"咨询面谈、成功求职策略培训、跟踪指导、座谈会等。目前，许多就业服务机构，如市、区县职业介绍服务中心、街道社会保障事务所等都开设了"职业指导"服务项目，可以到那里接受有关这方面的指导。

职业素质测试

部分职业介绍服务机构开设了"职业素质测试"的服务，求职者可在那里获得相关服务。

自测

劳动者可以通过填答"职业素质"自测问卷的方式，判断了解自己的职业素质状况。

5. 提高职业素质的方法有哪些

在新时期，学校的教师要想在竞争中取胜，只有德才兼备，具备一流的职业素质，才能在竞争激烈的社会取得自己的立足之地，对社会有所贡献。

所谓德，即良好的职业道德和社会公德；所谓才，即精深的专业知识和业务技能。德才兼备的人必须具有科学、创新、平等、法律、竞争、民主等意识；必须具有健康的道德价值倾向和社会公德意识，诚实守信、举止文明、遵纪守法、爱护公物；必须具有较强的环保意识和生态意识；必须是能力多元、素质全面的人。只有这样的人，才能在这个龙腾虎跃的时代脱颖而出，大放异彩。

那么，怎样才能德才兼备，如何才能提高自我的职业素质呢？

要加强政治理论学习

政治理论学习是提高政治素养，树立正确的价值观、人生观的保证。

没有正确的价值观、人生观，一个人无论能力多么出众，取得多大的成就，都难以长久。因此，认真学习政治理论，成为提高自身综合素质的首要任务。学校教师应当认真学习马克思列宁主义、毛泽东思想，特别是邓小平理论，着重把握并深入领会这一理论的精髓——解放思想、实事求是，以及江泽民的"三个代表"重要思想的进一步拓展——与时俱进，充分认识到"解放思想、实事求是、与时俱进"本身就是马克思列宁主义与中国国情在不同时期相结合的产物，就是唯物主义与辩证法的高度统一，"三讲"中的讲正气，也是要求青年要坚持用科学的理论武装头脑，树立正确的世界观、人生观和价值观。只有这样，才能保持头脑清醒，理论联系实际，把所学理论知识运用到自己的工作实践中去。

要学法、知法、懂法

学校教师要学法、知法、懂法，要遵守国家的法律和法规，不违背道德观念和行为规范，努力成为国家的合法公民。

学校教师有追求，要发展，不能为所欲为，必须要受到约束。所谓约束，就是限制自己不超出规定的范围。年轻人大都不喜欢约束，向往自由，是可以理解的，但绝对的"自由"是不存在的。德国思想家哥德曾说："一个人只要宣称自己是受约束的，他就会感到自己是自由的。"法国法学家孟德斯鸠也有句名言："自由是做法律所允许的一切事情的权力。"社会本来就是由法律、法令、规定、制度、规范等编织而成的一个大笼子，它罩住了每个人，你所要的自由，只能在限定的这个空间内去寻求。所以，我们要养成自我约束的良好习惯，做一个学法、知法、懂法的合格公民。

老老实实做好本职工作

学校教师要有一种强烈的求知欲望，与时俱进，一时一刻也不能放松对新知识的学习，并且要做到学有专长，成为某一方面的骨干或"尖子"。如果放弃对新知识的学习、新技能的掌握、新问题的研究，即使是个"老兵"，也有可能落伍。因此，无论年龄大小，从业时间长短，都要坚持学习。随着办公自动化的普及，电脑在日常工作中的作用越来越大，不懂电脑知识，工作的效率和质量也就无法保证和提高。学校教师必须有两戒，一戒懒惰。人都有惰性，知易行难。许多人本可成大才，就是"懒惰"二字使他与成功无缘。二戒虚荣。孔子曰："知之为知之，不知为不知，是知也。"怕丢脸面，不懂不问，不懂装懂，这是学知识之大敌。不会不为耻，不懂就要问，几天弄懂一个问题，几年下来就会成为本专业或本岗位的骨干。有些话是很有道理的，如："一招鲜，吃遍天""学个手艺养全家"。人要想有一项专长很容易，只要肯全身心地投入目前所从事的工作，并且不断地摸索、总结、提高，用不了几年就会出成果。实行市场经济，就是运用"优胜劣汰""适者生存"的自然规律，马克思说过："不学无术在任何时候，对任何人都无所帮助，也不会带来利益。"

对待组织安排的工作，不能偷懒、不能耍滑、不能拖延，应主动尽到责任，努力做到让别人很难挑出毛病的份上。一个人要想在一个单位立得住、有发展，就要让大家公认他是一个主动进取、脚踏实地、认真做事的人。因此，一定要养成认真做事的习惯，这种习惯是一笔无形的财富，会使我们终生受益。一本叫《致加西亚的信》对这个问题阐述得非常深刻："世界会给你以厚报，既有金钱也有荣誉，只要你具备这样一种品质，那就是主动。""什么是主动？主动就是不用别人告诉他，他就能出色地完成工作；差一点的，就是别人告诉他一次，他就能去做；再差一点的，就是别人告诉他两次，才会去做；更差的，就是在形势所迫时，才能把事情做好；最等而下之的，就是即使有人追着他，告诉他怎么样做，并且盯着他做，他也不会把事情做好。这种人，就只能失业了。"

在新形势下，教师应该保持清醒的头脑，充分认识到市场竞争形势的严峻，优胜劣汰的竞争机制不会为某个人而改变。只有拥有正确的思想认识，全面的业务知识和熟练的业务技术，才能有所作为，才能走向成功之路。

6．怎样提高自己的身体素质

提高身体素质是每一个人的愿望，良好的身体素质是工作本钱，只有具备了这样的素质，才能实现我们的职业梦想。那么，如何才能有一个健康的身体呢？

①常唱健康八字歌。日行八千步，夜眠八小时，三餐八分饱，一天八杯水，养心八珍汤，健体八段锦，米寿八十八，茶龄百零八。顾名思义，日行八千步，就是多锻炼身体，常运动；夜眠八小时，就是每天要保证八小时的睡眠；三餐八分饱，就是早要吃好、午要吃饱和晚要吃少，不能暴饮暴食；一天八杯水，就是每天要保证充足的水分摄入，才能保证身体各器官之间的物质的循环流动；养心八珍汤，就是用西红柿、木耳等做的一道汤；健体八段锦，就是经常性的做一些健身功法，放松自己。

②要有一个乐观的生活态度，一个人心情开朗、乐观向上，就会有一个好的身体。

③勤开窗，多换气，养成勤洗手少摸脸的好习惯，减少病毒在手上停留的时间，避免感染。

④多饮水，多吃新鲜水果和蔬菜。

⑤及时补充维生素C，提高身体免疫力，抵御感冒病毒侵入。

⑥保持良好的睡眠。睡眠与人体免疫力密切相关。著名免疫学

家通过"自我睡眠"试验发现，良好的睡眠可使体内的两种淋巴细胞数量明显上升。而医学专家的研究表明，睡眠时人体会产生一种称为胞壁酸的睡眠因子，此因子可以促使白血球增多，巨噬细胞活跃，肝脏解毒功能增强，将侵入的细菌和病毒消灭。

⑦限制饮酒。每天饮低度白酒不要超过100毫升，黄酒不要超过250毫升，啤酒不要超过一瓶，因为酒精对人体的每一部分都会产生消极影响。即使喝葡萄酒可以降低胆固醇，也应该限制每天一杯，过量饮用会给血液与心脏等器官造成很大破坏。

⑧经常参加有氧运动，如骑车、快走、爬山、游泳等，增强自身的免疫力。运动时心率加快并在可接受范围内即可，如晚餐后散步就很适合。

⑨补充维生素。每天适当补充维生素和矿物质。专家指出，身体的干扰素及各类免疫细胞的数量与活力都和维生素与矿物质有关。

⑩改善体内生态环境。用微生态制剂提高免疫力的研究和使用由来已久。研究表明，以肠道双歧杆菌、乳酸杆菌为代表的有益菌群具有广谱的免疫原性，能刺激负责人体免疫的淋巴细胞分裂繁殖，还能调动非特异性免疫系统，去"吃"掉包括病毒、细菌、衣原体等在内的各种可致病的外来微生物，产生多种抗体，提高人体免疫能力。

7. 如何培养自我的心理素质

增强自我修养，提高心理素质

培养自我的心理素质，必须要适应环境与改造自我。适应是个·

体为满足生存需要而与环境之间发生的调节作用，可以改造环境以适应个体的需要，也可以改造个体自身以适应环境的要求。对生活中的问题，不能退缩和回避，要面对现实，并做出适当的、有效的回应。学校教师在进入工作岗位之后，由于同时面临着地域环境、学习生活方式、社会人群的较大改变，很多人会产生心理压力，一般表现为情感的焦虑、忧郁，行为的犹豫、退缩，但其中大部分人能始终保持良好的心境，并不会影响工作、生活和人际交往。也有人因个性的缺陷或个体的适应不良，出现恐惧、退缩、软弱以及多愁善感的状态，产生心理上的消极防卫，甚至影响工作。所以学校教师要尽可能扩大生活领域、积累生活经验，在生活中不断自我了解、自我认识、自我实现，逐步使心理活动与外部环境达到和谐统一。

要有自知之明与自爱之心

自知源于自我观察、自我认识、自我判断和自我评价。有了自知，才能量力而行，避免给自己带来不必要的压力。自知是心理健康的基础。自爱是接受自己，爱惜和保护自己，珍惜自己的品德和荣誉，力争事业的进展和自身充分的发展。自爱包括自尊、自信、自制等。学校教师在工作和生活中，通过与他人的竞争和对比，会对自身产生新的认识。他们会因为自己的优点而感到满足，也会因为意识到自己的缺点、短处而感到自卑。因理想自我和现实自我的矛盾而产生自我肯定和自我否定的冲突，产生挫折感。因此，学校教师要敢于面对现实，在自尊自爱的基础上，确立理想而又现实的目标，扬长避短，充分发挥自身的潜能，使自己达到最佳状态。

要培养良好的人际关系

良好的人际关系有助于心理健康。它表现为助人为乐，接受别人的帮助，相互关心。为了培养良好的人际关系，适应和发展友谊，学校教师要消除成见，相互尊重，团结友爱。

积极从事适当的社会实践和劳动

社会实践和劳动是社会存在和发展的基本原则，也是个体心理健康发展的基本途径。它能促进大脑、身体及心理能力的发展；能增进人际交往、了解和互助；有助于消除以自我为中心所带来的不良影响，促进个性的发展；使人们认识自己存在的价值；人们通过社会实践和劳动获得成就感，从而增强自信心，有利于潜能的发挥。

采取灵活多样的方式自我评价

在自我意识发展的基础上，结合日常生活、学习和劳动，采取灵活多样的方式，促进教师认识自我、评价自我、体验自我和调整自我的能力，促使自我心理素质的健康发展。

8. 提高政治素质的要求有哪些

灵敏的政治嗅觉是一个人政治眼光、政治头脑、政治觉悟、政治能力的综合反映，只有用马克思列宁主义的立场、观点和方法把握政治活动方向及社会动态，才能在各种情况下争取主动，创造性地开展工作，并取得好的成效。如果缺乏灵敏的政治嗅觉，就会在重大政治是非面前不知所措，甚至犯错误。因此，学校教师必须自觉提高政治素质，把稳政治航向，使自己在时代的航船上能够乘风破浪，勇往直前。

教师提高政治素质应主要注意以下几方面。

要提高政策水平

全面贯彻党的基本路线、基本纲领；加强党的团结和统一，坚持民主集中制，坚决和党中央保持一致；从政治上正确地认识和判断形势；坚持全心全意为人民服务的宗旨。

要提高理论素质

理论的成熟，是政治成熟的基础。学校教师进行理论学习、提高理论素养的关键，是掌握马克思主义的立场、观点、方法，即通过对马克思主义基本原理的学习、思考、感悟，内化为一种自身的素养，变成自觉而不是强加的、自然而不是勉强的思维方式和思想方法，从而正确地看待事物、分析问题和决策工作。现阶段，学校教师提高理论素养的基本要求，是把我国在现阶段的任务、自己的本职工作与远大的共产主义理想联系，在平凡的工作岗位上尽职尽责。

要提高纪律素质

学校教师要有高度的组织纪律性，要养成遵守党纪国法的习惯。遵守党纪国法，就要保持高度的组织纪律性，保持高度的法律意识，这是做遵纪守法模范的思想基础。学校教师要遵守党纪国法，在宪法和法律范围内活动，自觉做到依法办事、违法必究。

要提高道德素质

学校教师不仅要有坚定的政治信念、鲜明的阶级立场、坚强的革命意志，还要有高尚的道德情操。培养高尚的道德品质，一方面要按照道德规范进行自我锻炼和自我改造，懂得应该做什么和不该做什么，学会正确区分和评判哪些行为是道德的，哪些是不道德的；另一方面要坚持按照正确的要求来规范自己的行动，提高自己的道德水平，升华自己的思想境界。

要提高文化素质

学校教师应该是一个热爱学习、善于学习、站在时代前列的人。

在知识经济时代，仅靠在学校所学的知识是远远不够的。即使是一个知识渊博的人，如果不天天学习、时时学习，很快也会因为吃光了知识老本而变得孤陋寡闻、技术平庸。因此，教师要养成勤奋学习的好习惯。

要提高心理素质

在当代中国，传统的计划经济体制正在向社会主义市场经济体制转变，人们的心理状态深受其影响，时代和社会的发展迫切要求学校教师提高和改善心理素质。只有在增强政治素质、道德素质的同时增强心理素质，才能更好地承担起历史赋予的重任。这就要求学校教师要有顽强的意志、勇于创新的精神，要有宽容的品格、平静幽默的心境，要淡泊明志，保持心理健康，要做到自重、自省、自警、自励。

9. 提高思想道德素质的要求是什么

新时代的学校教师要重视思想道德素质的培养，它是人的综合素质，决定着一个人能够为社会和人民做多大的贡献，能够创造多大的社会价值。

提高思想道德素质，要努力增强爱国情感

我国有几千年的悠久历史，有广袤的土地，有无数享誉世界的民族英雄和历史名人，这些都值得我们为之自豪。虽然现在的中国也许和某些最发达国家相比还有一定差距，但我们追赶的步伐是最快的，我们的前景是美好的。因此，我们更有理由去爱我们的祖国，去维护我们的祖国，去建设我们的祖国。爱国不是句空话，它体现在日常生

活中，我们要从爱父母、爱家乡、爱自己的职业做起，从身边的小事做起，积极了解祖国的历史和现状，自觉增强对祖国的认同感，在祖国需要我们的时候奉献知识和力量。

提高思想道德素质，要胸怀远大的理想

理想信念是人生的精神支柱和动力源泉。一个人只有树立远大而正确的理想信念，才能正确地认识世界，正确地对待人生，正确地选择生活道路，正确地把握生活准则，最终成就一番宏伟事业。学校教师应富有真正远大的理想，与全民族的共同理想相统一，与祖国发展的历史洪流相融合。现阶段，中华民族的共同理想就是要把我国建设成富强、民主、文明的社会主义现代化国家，实现中华民族的伟大复兴，我们必须坚定这个共同理想并为之贡献自己的全部力量。

提高思想道德素质，要注重养成良好的行为习惯

良好的行为习惯是文明生活的基本素养，是良好思想道德素质的外在体现。仅仅有正确的道德认知还不够，仅仅知道什么该做、什么不该做还不行，我们必须把这种认知变成习惯，变成自己的自觉行动，才真正做到了知行统一。我们要严格要求自己，用文明的行为规范自己，养成以诚信为核心的做人习惯，以规则为核心的做事习惯，以创新为核心的学习习惯，用实际行动成为"爱国守法、明礼诚信、团结友善、勤俭自强、敬业奉献"公民基本道德规范的忠实践行者。

提高思想道德素质，要注重培养良好的心理品格

良好的心理品格是我们在充满竞争的社会中生存和发展的重要保证。人生旅途不可能一帆风顺，前进的道路上有花朵也有荆棘，我们必须具备良好的心理素质，培养良好的心理品格。我们要正确地对待竞争，不妒忌别人的成功，不放弃自己的努力，常怀感激之情，常

保持进取之心。我们要正确地对待荣誉，不骄傲自满，不患得患失，把荣誉作为前进的动力而不是压力。我们要正确地对待挫折，不怕困难，百折不挠，坚信失败是成功之母。总之，我们既要有进取的精神，又要有恬静的心态，为社会做出应有的贡献。

10. 怎样提高科学文化素质

现代科技的迅猛发展，加大了科学知识转化为生产力的力度和速度。高科技及其产业已经成为推动经济和社会发展的主导力量，科技的迅速发展，正以其神奇的力量影响着我们生活的这个世界，创造着前所未有的生产力。

学校教师要想赶上时代的步伐，就要提高自己的科学文化知识，调整自己的知识结构，以适应科学技术的迅猛发展。

知识是一座高山，是分层次的。任何层次和环节留下空白，都会使知识断裂，甚至会从空白处走向歧途。学校教师不仅要重视现代知识的学习和知识更新，也要重视基础知识的学习和启蒙教育。

知识是一条河流，是不同历史时期、不同阶级阶层的人民长期积累，世代相传的共同财富。学校教师要吸收人类文明的成果，取人之长，补己之短。

知识是一片汪洋，波澜壮阔。人的精力有限，不可能学得所有知识。但要取得高深造诣，学校教师就应广泛涉猎多种知识，学精学透一至两门专业知识，只有知识广博，才能对社会有所贡献。

人类认识世界、改造世界的重要成果都凝聚在科学思想中。人类社会所取得的所有历史进步，所创造的一切人间奇迹，包括天翻地覆的变革，气壮山河的斗争，无不是在科学思想指导下进行的。也正因如此，思想被称为人的"灵魂"，人因为有思想被称为"万物之灵"，伟大的思想家被称为"伟人"和"巨人"。

思想并不都是科学的，只有经过实践验证，正确地反映了客观事物及其发展规律的思想，才是正确的科学的思想，在实践中获得成功。

科学思想，即科学地思考来自现实和有关知识。但是，现实和知识并不就是思想，只有经过思考，即经过抽象和概括，才能将现实和知识提升为理性认识，形成科学思想。

这样，思维方式科学化的形成，即科学方法的确立，对于形成科学思想，更好地发挥科学思想的作用，具有特别重要的意义。在这个意义上，科学思想也被理解为科学的思维，唯物的、发展的、辩证的思维，不仅符合形式逻辑规律，而且符合辩证逻辑规律。

科学方法的确立，思维方式科学化的形成，比具体的知识学习史重要。

科学方法一旦形成，就能指导人们更有成效地进行思考，更有成效地掌握科学知识，解决实际问题。如果只是单纯地进行知识和技术灌输，没有正确的思维方式帮助其归纳整理和指导应用，不可能造就具有开拓创新能力之才。因此，科学方法的确立，思维方式科学化的形成，比学习具体知识更为重要。

科学方法，包括科学研究的一般方法，诸如归纳、演绎、分析、综合等和一些具体方法。可以说，有多少学科门类，就有多少具体方法。因为客观世界是多层次的统一，科学知识是多层次的系统，所以认识和改造客观世界的科学方法也是一个多层次的体系。不懂得这些方法，就只能永远被关在科学的门外。

科学方法建立在对于客观世界及其发展规律正确认识的基础上，也就是说，科学方法的前提是科学理论，是对于客观规律的了解。比如"庖丁解牛"，运刀技巧的娴熟，完全建立在对于牛体结构肌肉纹理的"了如指掌"上。

掌握了科学方法，还必须求真务实、开拓创新。"科学的本质是创新，科学精神的本质是创新精神"，弘扬科学创新精神，基本的要求是坚持解放思想、实事求是，勇于面对新情况和新问题，反复研究、反复实践，不断前进；学校教师要重视"岗位创新""一线创新"，瞄准学校的难点、国际竞争和现代科技的前沿，集中攻关，甘于奉献，为祖国和人民贡献一切智慧和力量。只有这样，提高科学文化素质才算功德圆满，集体的合力才会推动社会的向前发展。

11．如何增强审美的素质

审美素质是一种多元综合的整体性素质，包括正确的审美观念，健康的审美情趣，对各种美（自然美，社会美和艺术美）的欣赏，评价和创造性能力，人格精神等诸多方面，是人的一种精神素质，并且是体现整个人格，情操，精神境界中的一种高层次的整体性素质。

审美素质与思想道德素质、智能素质、身心素质和劳动技术素质互相作用，构成了人的素质的整体结构。可见，审美素质本身就是完善人格的组成部分。审美素质心理人格的完善，关键在于构建完善的审美心理结构。

学校教师如果能够广泛参与自然美、社会美、艺术美的欣赏活动，积极尝试各种美的创造，并且按造美的规律来美化自身，不断提高自我的审美，审美能力必然会使自己逐渐拥有能够聆听音乐美的耳朵，能够欣赏风景美的眼睛，从而对自身的审美认识结构产生系统、深刻的影响，更好地发展和完善个体的审美认识结构。

审美情感是审美心理最活跃的因素，它是个体发现美、表达美和创造美的基础。马克思曾经这样高度评价情感在人格结构的地位和作用："人作为对象性的，感性的存在物，是一个爱动的存在物，因为它感到自己是受动的，所以是一个有激情的存在物，激情、热情是人强烈追求自己的对象的本质力量。"审美活动总是与感情密切相连的，情感是审美活动的生命。如果把审美活动比作一只鸟，那么，情感就是供鸟儿翱翔的天空。审美素质越高，情感的"天空"就越辽阔。情感体现了审美主体与审美客体的和谐融洽，审美主体在与对象世界的交互作用中，通过美的感染，陶冶性情，摒弃俗念，使审美情感越发纯洁，丰富和炙烈，心灵得到净化，人格趋于完善。

总之，完善的审美心理结构源于良好的审美素质。审美素质欠佳，会造成审美心理结构的残损，导致心理人格的残缺。因此良好的审美素质是心理人格完善的心理条件。

良好的审美素质对人们确立正确的世界观、人生观、价值观，培养健康高尚的情感，正直诚实的美德和团结协作的团队精神等都有着特别重要的意义。

那么，学校教师如何增强审美的素质呢？

①培养正确的审美观念和较高的审美能力，能在感知，想象，情感，理解多种美感要素的运作中，迅速发现、区分美丑及其程度，通过审美对象领悟社会人生的真谛。在美的世界里徜徉，能让人产生更高的

人生追求。

②开发思维，培养想象力和创造欲。审美活动能够激发人在进行思考时所不可缺少的激情和想象精密的思维能力。马克思早年就是位浪漫主义诗人，恩格斯也对音乐，对艺术，对自然美有特殊的爱好。良好的审美素质为两位伟大的思想家取得的非凡成就起到了重要作用。据说爱因斯坦常常一面奏小提琴，一面产生一些"奇妙的想法"，被誉为"艺术的科学家"。钱学森曾有体会说过：艺术里包含的诗情画意和对人生的深刻理解，使得我丰富了对世界的认识，因为受了这些艺术的熏陶，所以我才避免死心眼，避免机械唯物论，想问题能更宽一点、活一点。

③完善道德情操。培养爱自己、爱他人、爱祖国的情感，学会爱自然，爱社会，爱生活。在审美活动中，能使人们了解美好的事物的不可重复性，独特性，懂得美好事物对生活的意义，从而产生珍惜和爱的情感。

④融入团队寻求美的真谛。人是生活在群体之中的，与人为善、顾全大局、敬业乐群的团队精神也是当代社会道德人格的重要内容。培养较高的审美素质，可以使情感和理智得以协调，能够以审美的态度对待人生。与人为善，对细微小事不斤斤计较，便于营造和谐的人际关系。

学校教师在平常激烈的竞争中，个体之间容易形成紧张的人际关系，并由此而产生互不合作，各自为政的"一盘散沙"式的局面。在共同的审美的活动中，人们体会到共同的审美情感，势必增强相互之间的思想情感交流，增强凝聚力，促使人们为了集体的事业而努力拼搏，有利于敬业爱岗，无私奉献，集体主义，团队精神等宝贵品德的形成与强化。

由此可见，增强审美的素质对于道德人格的塑造能够起到多方面作用，正如苏霍姆林斯基所说："美是心灵的体操，它能使人精神正直，心地纯洁，情感和信念端正。"而道德人格的最终完善，其根本标志正是审美人格的实现。

12. 怎样增强社会适应能力

社会适应能力是 *21* 世纪新型人才必备的重要素质，它集中体现在人际之间的交往、合作、良好的道德和具有积极的社会责任感等方面。那么，怎样增强社会适应能力呢？

①要有一个相对稳定的、相对广泛的人际交流圈。学校教师的交流范围，往往仅限于学校内部，这是不够的。还应扩大到学校外部，广泛地结交各行各业的朋友，为学校的发展服务。

②人际交流要独立思考，不要人云亦云。在人际交往中，凡事都要有自己的见解，不要盲从，应当调动自己的知识储备，对别人言论进行分析。

③人际交流中要注意宽以待人、严以律己。要心胸宽大，允许别人犯错误，尊重他人和尊重自己。尊重他人是人际交往的核心，如果希望别人尊重你，就必须先学会尊重人。尊重他人可以从以下三点做起：学会倾听，做一个好听众，认真倾听他人的讲话，让对方觉得他非常重要；替他人着想，多替他人想想能够拉近人与人之间的距离；帮他人做事，帮人者最容易获得别人的帮助。

④人际交往要积极主动，要热情、坦诚。学校教师的社会生活

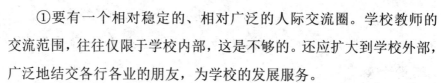

已经不再那么单纯，已经开始由言行一致型向言行分化型过渡。有时候虽然不可避免地要说一些假话，但是这不能成为不诚实的原因——至少在绝大多数时候都要说真话，要学会以诚待人。诚信是做人之本，诚信是用金钱买不来的，不诚信，就不会有和谐的人际关系。

13．如何提高自主创新能力

创新是社会发展的基础和源泉，失去了创新，社会将停滞不前，学校教师要提高个人的创新能力，需要从以下方面入手。

注意总结前人的经验和教训

任何一项创新都不是无源之水，无本之木。因此，如何利用前人的知识和智慧在创新工作中是非常重要的，也只有如此，创新工作才可以少走弯路，避免很多不必要的麻烦。

前人的经验和教训是我们创新工作的基础,通过借鉴前人的工作，我们可以站在巨人的肩膀上看待问题、思考问题和解决问题。

注意发现和总结前人失败的创新经验

失败是成功之母，这谁都不能否认，但是如果一味的失败而不去考虑失败的原因则对我们的工作没有任何的帮助。前人失败的经验我们可以发现很多问题，可以通过改变方法和途径，成功解决我们目前遇到的问题。

要学会借鉴和组合

仅仅借用别人的"经验"和"成果"而自己却不努力是不行的。借鉴可以是思路，也可以是方法，更可以是产品。伟大的文学家鲁迅先生用"拿来主义"精神去借鉴别人好的东西来弥补自己的不足，这就是"取长补短"。国家的政策也是如此，要借用其他国家的好策略，结合中国自身的情况再制定适合中国国情的方针路线来建设有中国特色的社会主义国家。

借用别人的经验再加上自己的创新，才是我们发展自己的上上之策。所以，要想自己的创新能力提高，借用别人的经验和成果很重要。

多思考

遇到问题要注意从多方面思考，而且要持之以恒，更要养成思考的习惯，只有从多方面思考和解决问题，才能出现解决问题的灵感，才能创新。生活中每个人都是有灵感的，千万不要把灵感放走，一旦产生就要记录下来，时间一长，新的思路、方法和途径自然就出现了。

此外，要提高创新能力，还必须做到以下几点。

①必须具有强烈的事业心和责任感。只有具有高度使命感的人，才会有强烈的忧患意识，才能"先天下之忧而忧"，战胜自我，不断寻求新的突破。不可想象，一个对自己所从事的工作毫无责任心的人会积极主动地开拓思维，创造性地解决遇到的问题。

②必须用人类的文明成果武装自己的头脑。任何创造都是对知识的综合运用。创造性思维作为一种思维创新活动，必然要以知识作为前提条件。没有丰富的知识作基础，思维就不可能产生联想，不可能利用知识的相似点、交叉点、结合点引发思维转向，不可能由一条思维路线转移到另一条思维路线，实现思维创新。

③必须坚持思维的相对独立性。思维的相对独立性是创造性思维的必备前提，应当把发展独立思考和独立判断的一般能力放在首位。提高创新思维能力必须在思维实践中不迷信前人，不盲从已有的经验，

不依赖已有的成果，独立地发现问题，独立地思考问题，找到解决问题的有效方法。

14. 怎样提高合作团队的素质

团队合作是一种为达到既定目标所显现出来的自愿合作和协同努力的精神。它可以调动团队成员的所有资源和智慧，并且会自动地驱除所有不和谐和不公正现象，同时会给予那些诚心、大公无私的奉献者适当的回报。如果团队合作是出于自觉自愿时，它必将会产生一股强大而且持久的力量。

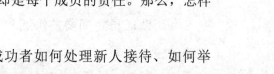

真正的团队合作必须以别人"心甘情愿与你合作"作为基础，而你也应该表现出合作动机，并对合作关系的任何变化抱着警觉的态度。团队合作是一种永无止境的过程，虽然合作的成败取决于各成员的态度，但是维系成员之间的合作关系却是每个成员的责任。那么，怎样提高合作团队的素质呢？

①团队管理成员可实地观察成功者如何处理新人接待、如何举行推广团队宣传和建设、如何和其他公益团队以及其他的志愿工作者联系的方法，用别的团队好的风格启发自己团队成员，用好团队的管理素质带动他们的思考和言行。

②实行岗位轮换制度，让团队管理成员定期到本职外的部门或工作岗位上任职。这种任命虽是暂时的却也是真实的，要求是他们在任职期要有看得见、摸得着的工作成果。

③鼓励新的团队成员参加各种团队举办的公益基础等教育课程和团队内部的培训课程，确保新加入的朋友在团队本职工作上可以边

学习边收获。

④举办由新团队成员和团队管理成员共同参加学习的课程和讲座或者是户外交流活动，促使大家在交流沟通中形成对公益事业的共同认识，这样才能在团队的工作中真正发挥出协调合作的作用。

⑤鼓励团队成员积极参与义务工作并督促团队部门负责志愿者登记义务工作时间。

⑥鼓励团队成员积极到各种临时的跨区域的工作小组中去参与服务。

⑦固定一段时间应该邀请团队管理成员参与团队或小组聚会，请他们谈谈需要给予哪些支持与协作。

⑧团队成员必须应有坚定的信心和坚强的意志力。只有整个团队才有凝聚力和向心力，才能互相合作。

⑨团队的所有成员，彼此之间要开诚布公，互相交心，做到心心相印，毫无保留。

⑩团队成员之间要能沟通和互相协调，让整个团队有条不紊地和谐运转。

⑪团队成员要严于律己，以身作则。

只要能牢记以上原则，并坚定不移地贯彻执行，就没有做不到的事情，团队的合作精神就一定能激发出来。